'붐 소설'을 넘어서

고려대학교 교양총서 03

'붐 소설'을 넘어서

현대 라틴아메리카 소설의 흐름과 연구방법

송병선

고려대학교출판부
KOREA UNIVERSITY PRESS

책머리에

라틴아메리카 현대 소설은 1940년대 이후 스페인어를 사용하는 20여 개 국가들과 포르투갈어를 사용하는 브라질에서 발표된 작품들로 이루어진다. 이 책은 주로 스페인어권 라틴아메리카의 문학적 공헌에 초점을 맞추면서, 이 지역의 소설에 대한 광범위한 개요를 제공하기 위해 구상되었다.

문학잡지와 번역서를 통해 라틴아메리카 문학을 우리나라에 소개하기 시작한 지도 어언 15년이나 흘렀다. 그동안 국내에서도 많은 변화가 있었다. 15년 전에는 세계의 문학 흐름과 상관없이 라틴아메리카 소설은 단지 제3세계 문학의 일부로만 인식되고 있었다. 그러나 이제 우리나라에서도 세계 문학을 선도하는 문학으로 인정받고 있으며, 과거와는 달리 많은 소설가들에게 영향을 끼치고 있고 문학 관련자들의 주목을 받고 있다.

책을 써서 라틴아메리카 현대 소설의 흐름과 특징을 종합해 보겠다는 생각은 오래전부터 가지고 있었다. 하지만 그것은 쉬운 일이 아니었다. 라틴아메리카 소설을 소개하는 데 있어 광범위하고 다양한 현상을 어떻게 분명하면서도 통일성 있게 설명할 것인가 하는 문제에 봉착하지 않을 수 없기 때문이다. 책에서는 유럽 중심주의적 모델을 통해 라틴아메리카 소설의 흐름과 특징을 서술하는 것으로 이 문제를 극복하려 했다. 유럽 중심주의적 모델이란 통일성과 단결성을 중시하는 유럽 비평의 패러다임을 일컫는다.

그러나 이 책은 유럽 중심적 패러다임을 철저하게 따르지 않는다. 그렇다고 성급하게 유럽의 모델을 거부하지도 않는다. 그것은 유럽의 유산이 라틴아메리카 문화 정체성의 일부를 형성하고 있으며, 오늘날의 라틴아메리카 소설은 점점 커져 가는 전 지구적 의식의 일부이기 때문이다. 그래서 이 책에서는 일반적으로 수용된 문학사 모델을 사용해 라틴아메리카 소설을 이야기하면서 라틴아메리카 소설에 접근하기 위한 대안적 방법을 찾으려고 노력한다.

라틴아메리카 소설은 독립적으로 존재할 수 없고, 구체적인 사회·정치적 환경 속에서 성장하고 작용한다는 것이 이 책의 기저에 깔린 생각이다. 따라서 이 책에서는 라틴아메리카의 정치와 사회뿐만 아니라 인종과 성의 문제도 다루면서, 폭넓게 라틴아메리카 소설에 접근하고자 한다는 것을 밝힌다.

차례

I. '붐 소설'과 '포스트붐 소설'

1. 라틴아메리카 현대 소설의 형성 과정

라틴아메리카 현대 소설은 흔히 '붐 소설'이란 명칭으로 널리 알려져 있다. 이 이름은 1940년대 전까지만 해도 단순히 유럽의 소설 양식을 모방해 왔던 라틴아메리카 소설이 제2차 세계대전 이후 질적으로 눈에 띄게 향상되고, 이와 더불어 유럽과 미국 독자들의 높은 관심과 구미 출판사들의 번역 문화에 힘입어 세계 소설계에 갑자기 부상하면서 중요한 위치를 차지한 것에 대한 놀라움의 표현이다.

라틴아메리카 현대 소설은 1950년대까지만 해도 많은 비평가들에게 문화 종속이라는 지적을 받아 왔다. 라틴아메리카 작가들의 소설 양식이 카프카와 조이스, 그리고 미국의 '잃어버린 세대' 작가들의 미학과 일맥상통하기 때문이다. 이것은 라틴아메리카 작가들이 유럽과 미국 작가들을 계승하고 흡수하여 발전시키는 양태를 취하고 있다는 평가에서 비롯된다.

하지만 이런 지적은 라틴아메리카에만 독특하게 존재하고 있는 복합적인 문화 현실을 외면한 것이다. 라틴아메리카 현대 소설은 그들만이 특유하게 갖고 있는 원주민 문명, 상류층 사회에 존재하는 르네상스 시대의 유럽 문화, 흑인들에게서 볼 수 있는 식민 시대의 아프리카 문화와 19세기에서 20세기 초까지 있었던 유럽인의 이주 등 매우 복잡한 문화, 정치, 사회 현상 속에서 상호 모순적이자 다양한 면을 보여 주는 복합적인 문화 형태를 취하고 있다. 또한 라틴아메리카 각국은 상이한 이데올로기와 국가체제 속에서도 동일한 예술의식을 형성하면서 라틴아메리카 대륙만이 지닐 수 있는 독특한 혼합 세계를 이루어 가고 있다.

우선 라틴아메리카 현대 소설의 형성과정과 발전과정을 언급하기 전에 다루어야 할 기본 과제는, 과연 라틴아메리카 소설이 무엇이고 또한 라틴아메리카가 정말로 독특한 문학세계를 형성하고 있는가 하는 문제이다. 이는 라틴아메리카 현대 소설의 탄생과정을 밝혀 주는 데 가장 중요한 요소 중의 하나이다.

이런 문제 제기는 1920-30년대 라틴아메리카 대륙을 지배한 리얼리즘 소설에 대한 의문에서 시작된다. 이 작품들은 대부분 서구 리얼리즘 소설의 형식을 차용하여 라틴아메리카의 이국적異國的인 현실을 그리고 있다. 이런 소설에 대한 문제의식은 1933년에 페루의 비평가인 루이스 알베르토 산체스Luis Alberto Sánchez가 〈소설가 없는 소설〉이라는 비평을 발표하면서 가시화되기 시작한다. 이 글에서 그는 아무리 많은 소설이 한 대륙, 혹은 한 국가에서 생산되더라도 자국 특유의 사회와 문화 체계를 반영하지 않고 자국의 언어 특성을 자체적인 문화 체계 내에 흡수하지 못한 채, 타국의 문학과 구별될 수 있는 변별적辨別的 특성을 지니지 않는다면 독특한 문학세계를 형성하는 것이 아니라고 지적한다.

한 나라의 문화가 독자적인 문학 형식과 내용을 통해 수용되지 않는다면, 마치 수많은 군중이 모여도 조직화된 군대를 형성하지 못하는 것과 마찬가지이다. 다시 말하면, 아무리 많은 외침이라 할지라도 합창을 할 수는 없는 것처럼, 수많은 소설이 씌어졌다고 해도 문학세계를 구성할 수 있는 구심점을 상실하고 있다면 독자적인 문학을 만들 수 없다는 말이다. 루이스 알베르토 산체스는 라틴아메리카의 리얼리즘 소설이 유럽의 소설 체계를 자체적으로 흡수하지 못한 채 유럽 소설 양식에 라틴아메리카적인 소재만을 접목시켜 라틴아메리카 독자들의 사고방식을 외면했다고 지적한다. 이로 인해 문학이 독자들과 진정한 의사소통을 이루지 못하고 있음을 비판한 것이다.

2. '붐 소설'의 선구자들

라틴아메리카 현대 소설을 연구하는 데 가장 중요한 시기는 1940년대이다. 1940년대 전까지만 해도 라틴아메리카에는 1920년대에 절정에 달했던《소용돌이》,《세군도 솜브라 씨》,《바르바라 여사》로 대표되는 리얼리즘 소설이 1930년대에 들어 사회주의 리얼리즘으로 발전하면서 라틴아메리카 소설 양식을 지배하게 된다. 여기에서는 주로 농민과 광부들의 반란이나 그들이 자본주의 체제에 종속되는 과정을 연대기적으로 서술하는 방식을 취한다. 또한 자연이란 존재를 인간보다 더 우월한 것으로 나타내면서 그에 굴복하는 인간을 주로 다룬다. 하지만 1940년대에 들어서 '붐 소설' 작가들은 리얼리즘에 반기를 든다. 이 시기는 1930년대부터 태동하기 시작했던 반리얼리즘적인 모더니즘 소설이 라틴아메리카 대륙에 본격적으로 상륙하는 시기이기도 하다.

1940년대 이후부터 비약적으로 발전하는 '붐 소설'은 형식적인 측면에서 대략 세 개의 그룹을 형성하면서 자신들의 문학세계를 만들어 나가기 시작한다. 이들 중 첫 번째 그룹은 1967년 노벨문학상을 수상한 미겔 앙헬 아스투리아스Miguel Angel Asturias, 포스트모더니즘의 선구자로 평가되는 호르헤 루이스 보르헤스Jorge Luis Borges와 아돌포 비오이 카사레스Adolfo Bioy Casares, 초현실주의의 영향을 받아 라틴아메리카 대륙을 환상과 현실이 뒤섞인 경이로운 현실로 인식한 알레호 카르펜티에르Alejo Carpentier, 증인적인 리얼리즘에서 벗어나 멕시코 혁명을 모더니즘 소설 체계 속으로 흡수시킨 아구스틴 야녜스Agustín Yáñez 등으로 이루어진다.

이 소설가들은 전대前代의 리얼리즘을 케케묵은 수사법이라 규정하면서 리얼리즘 미학을 전면적으로 비판하고 부정한다.

이런 미학 의식으로 말미암아 그들은 유럽에서 자연주의의 유산을 청산한 아방가르드 문학과 깊은 관련을 맺는다. 가령 보르헤스는 조이스와 카프카의 작품을 읽은 후 스페인에서 극단주의ultraísmo라는 아방가르드 운동에 참여했으며, 카르펜티에르와 아스투리아스도 초현실주의의 영향을 깊게 받는다. 이 '붐 소설'의 선구자들은 리얼리즘과의 단절을 통해 라틴아메리카에 대한 새로운 전망을 제시하고, 또 라틴아메리카 대륙에 맞는 언어를 재창조하려고 노력한다. 그들은 문학 기법과 문학 언어의 혁신에 대해 깊이 의식하고 있었지만, 불행히도 소설의 외부 구조는 리얼리즘의 구조와 큰 차이를 보이지는 않는다.

3. 소설 형식의 혁신을 꾀한 문제 작가들

'붐 소설'의 선구자들은 이후에 창작 활동을 시작한 소설가들에게 즉각적인 영향을 미친다. 이들은 선배 작가들이 이루어 놓은 문학 개념과 의식을 이어받아 더욱 혁신적인 작품을 쓰면서 활동한다. 이 두 번째 그룹을 대표하는 작가들로는 베네수엘라의 미겔 오테로 실바Miguel Otero Silva, 우루과이의 후안 카를로스 오네티Juan Carlos Onetti, 아르헨티나의 에르네스토 사바토Ernesto

Sábato, 쿠바의 호세 레사마 리마José Lezama Lima, 페루의 호세 마리아 아르게다스José María Arguedas, 그리고 멕시코의 후안 룰포Juan Rulfo 등이 있다. 이들의 작품은 주제와 형식 면에서 각자 상이한 성향을 보이지만, 대체적으로 두 가지 공통점을 지닌다.

첫 번째는 영향의 문제이다. 이들의 작품에는 포크너, 프루스트, 조이스, 무질 등의 영향이 눈에 띄게 나타난다. 하지만 이런 영향의 문제는 이 그룹에 속하는 작가들이 유럽과 미국의 대가들을 모방했다는 것이 아니라, 그 대가들과 동일한 소설 개념을 갖고 있다는 차원에서 이해되어야 한다. 두 번째는 첫 번째 그룹의 작가들이 소설의 내부 구조에 대한 혁신을 소홀히 한 채 작품을 쓴 것과는 달리, 이 두 번째 그룹의 작가들은 소설 형식의 혁명을 최대의 관심사로 삼았다는 점이다. 이 소설들에서 형식은 중심이 없는 미로 개념으로 이해되며, 동시에 자기 꼬리를 물고 있는 뱀의 모습처럼 순환적이자 자기 파괴적인 형식을 지니고 있다.

가령 룰포의 대표작인 《페드로 파라모》는 70개의 파편으로 이루어져 있는데, 이것들은 시간적 순서에 의해 차례대로 구성되어 있지 않고, 마치 원고를 바닥에 떨어뜨린 후 마구 주워

담아 그대로 출판한 것처럼 어지럽다. 그러나 이런 혼란스러운 구조는 시간적 순서가 아닌 이미지의 흐름에 따라 읽을 경우 충분히 극복될 수 있다. 또한 훌리오 코르타사르의 《돌차기 놀이》는 작가가 〈독서 안내판〉에서 말하고 있듯이, 첫 페이지부터 끝까지 차례로 읽을 수도 있고, 작가가 지시하는 대로 혼란스러운 구조로 읽을 수도 있다. 코르타사르는 앞의 독서 방법을 '수동적 독서'라고 말하고 뒤의 독서를 '능동적 독서'로 규정한다. 그리고 이런 두 가지의 상이한 독서 방식에 따라 작품의 내용과 구조가 바뀐다.

4. 라틴아메리카 소설의 '붐'

세 번째 그룹을 형성하는 작가들은 두 번째 그룹의 작가들과 거의 동시대에 속하지만, 앞의 그룹에 비해 비교적 늦게 작품을 출판한 작가들로 구성되어 있다. 파라과이의 아우구스토 로아 바스토스Augusto Roa Bastos, 1982년 노벨문학상 수상자인 콜롬비아의 가브리엘 가르시아 마르케스Gabriel García Márquez, 페루의 마리오 바르가스 요사Mario Vargas Llosa, 쿠바의 망명 작가인 기예르모 카브레라 인판테Guillermo Cabrera Infante, 멕시코의 카를로스 푸엔테스Carlos Fuentes, 칠레의 호세 도노소José Donoso 등이 세 번째 그룹에 속한다.

이들의 공통점은 이전 그룹의 작가들이 이루어 놓은 소설 구조의 혁신에다 언어의 혁명적 역할을 강조하고 있다는 점이다. 또한 이전 그룹에 속한 대부분의 작가들이 소설만으로는 생활을 영위하지 못한 것과는 달리, 이들이 활동할 당시는 기존 세대가 구축해 놓은 출판 문화와 기타 하부 문화가 형성되어 전적으로 소설 창작에 전념할 수 있는 시기였다. 이렇게 이 작가들은 작품의 질과 양적인 면에서 본격적으로 라틴아메리카 소설의 '붐'을 형성하게 된다. 바로 이런 이유로 몇몇 비평가들은 좁은 의미의 '붐 소설'은 이 세 번째 그룹의 작가들에 한정된다고 지적하기도 한다.

푸엔테스는 모더니즘 소설의 모든 실험 기법을 사용하여 아주 복잡하고 어려운 소설을 쓰는데, 이런 미학과 더불어 아픈 현실을 고발하고 현대 멕시코 사회에 대한 강도 높은 비판을 가한다. 바르가스 요사는 내면독백, 복수 시점 등의 기법을 사용하면서 페루의 전통적 가치와 현대적 가치를 새로운 관점에서 조망한다. 그는 포크너의 문학 기법과 기사 소설 등의 대중문화 장르를 조화롭게 혼합해 가면서, 저항적 리얼리즘의 판에 박힌 상투적 구조에서 탈피하여 새로운 리얼리즘 전통을 만들 수 있다는 가능성을 제시한다.

이 그룹에 속하는 작가들 중에서도 특히 문학 비평가들의 관심을 사로잡은 작가는 가르시아 마르케스와 카브레라 인판테이다. 그들은 《백년의 고독》과 《슬픈 세 마리의 살쾡이》에서 보르헤스식의 언어를 통해 라틴아메리카의 새로운 전망을 제시하고, 룰포의 환상적 요소를 구사하면서 동시에 푸엔테스식의 필체를 사용한다. 이 두 작품의 특징은 현실 문제를 매우 날카롭게 다루면서도, 이를 허구적 성격으로 통합시킴으로써 유희遊戱적인 관점을 보여 준다는 점이다.

이 작가들은 로버트 숄스Robert Scholes가 말하는 '우화를 만들어 내는 사람들'의 중심축을 이룬다. 이들은 이야기를 즐기며 그 즐거움을 보여 준다. 이야기를 전개하는 과정에서는 무엇인가를 창안해 낸다는 일종의 상쾌함과 즐거움, 한마디로 말해서 우화를 만들어 내는 기쁨을 볼 수 있다. '우화를 만들어 내는 사람들'은 경험 세계의 윤곽으로 인정되고 있는 하나의 '합의된 실재consensual reality'에 제한받지 않고 대담하게 이야기를 만들어 낸다. 여기서 이 작가들을 확실하게 결합시키는 특징은 소설 언어의 모호성이라는 규범에서 벗어나 이야기하는 즐거움을 회복하고자 하는 태도이다.

5. '붐 소설'과 쿠바 혁명

1959년에 바티스타 정권을 몰아낸 쿠바 혁명은 당시 패배주의에 젖어 있던 라틴아메리카 지식인들에게 새로운 희망을 불러일으키는 결정적인 계기가 된다. 1960년대에 들어서면서 이들은 쿠바가 혁명 미학을 제공해 주기를 기대한다. 쿠바 혁명은 숙명론에 빠져 있던 라틴아메리카에서는 전례를 찾아볼 수 없었던 것이며, 혁명 초기부터 피델 카스트로Fidel Castro가 지식인들에게 "혁명 속에서 모든 것"을 약속하면서 정치, 사회, 문화 분야에서 매우 결실 있는 실험을 겪었다. 이런 카스트로의 입장을 우루과이의 혁명 작가인 마리오 베네데티Mario Benedetti는 "혁명의 역동 속에서 행동주의자는 지식인에게 전위가 되어야 하고, 예술·사상·과학 분야에서 지식인은 행동주의자들에게 전위가 되어야 한다"고 밝힌다.

이 쿠바 혁명은 1930년대의 주다노프 노선을 따르던 러시아 사회주의 리얼리즘과 전대의 리얼리즘을 시대착오적 현상으로 규정하면서, 이런 리얼리즘은 좀더 혁신적이고 역동적인 사회를 통해 극복될 수 있다고 여긴다. 가령 체 게바라Ernesto Che Guevara는 리얼리즘을 19세기의 유산이라 단정하면서, 소외된 현대 인간의 산물인 아방가르드 미학은 혁명 이후의 사회에서는 무용지물이라고 지적한다. 그러면서 그는 진정한 혁명을 이루려면 새로운 혁명 미학 구현이 실천 과제가 되어야 하며, 혁명 미학은 새로운 민중 세력에 의해 탄생되어야 한다고 주장한다.

이런 혁명의 실천은 작가들에게 큰 영향을 끼치게 된다. 소설에서 이것은 혁명을 주로 테마로 다루는 '혁명 소설'이란 측면과 소설 형식의 변혁을 꾀하는 '소설의 혁명'이란 면으로 수용된다. 일반적으로 '붐 소설'의 작가들은 후자를 통해서만 진정한 문학 혁명을 이룰 수 있다고 평가한다. 즉, 사회·문화·정치면에서 라틴아메리카 작가들은 "위대한 문학은 혁명의 이전 단계를 극복하고 진정한 총체적 혁명을 위한 마지막 단계"가 되어야 한다면서, "단지 혁명의 내용만을 담은 소설을 쓰는 것이 아니라 소설 자체를 혁명시키는 것"이 혁명가로서의 작가의 책임과 의무라고 선언한다.

쿠바 혁명은 '붐 소설' 작가들의 소설 형식뿐만 아니라 소설 내용에도 영향을 주게 된다. 쿠바 혁명은 라틴아메리카 소설가들에게 유토피아적 전망을 제시한다. 이 유토피아는 가르시아 마르케스의 '마콘도'나 후안 카를로스 오네티의 '산타마리아', 후안 룰포의 '코말라'라는 상상의 마을을 통해 드러난다. 이 작가들은 라틴아메리카 대륙에 나타난 현상들을 이 마을에서 일어난 일들에 비유하면서, 유토피아였던 마을들이 자본주의가 침투하면서 폭력에 시달리고 타락하며 멸망하는 과정을 그린다. 흔히 마을들의 멸망을 염세주의적 관점에서 보기 쉬우나, 쿠바의 혁명 이데올로기와 관련하여 살펴보면, 필연적으로 이런 자본주의 사회가 멸망해야 또다시 새로운 유토피아가 생겨날 수 있다는 전망을 제시하고 있음을 알 수 있다.

하지만 쿠바의 혁명 이데올로기는 1970년대에 들어서면서 급격한 변화를 맞는다. 그러면서 1960년대에 '소설의 혁명'과 '혁명의 소설'로 자유롭게 표방되었던 혁명의 개념이 쿠바 혁명 노선의 경직화로 말미암아 '소설의 혁명'이 소멸되고 대신 '혁명의 소설'만이 강력히 부각된다. 이는 특히 1971년의 파디야 사건(파디야Heberto Padilla라는 시인을 혁명 이데올로기에 대한 부정적 시각을 가졌다는 명목으로 탄압한 사건)을 출발점으로 가시화된다. 그리고 카스트로는 자국 현실에 직접 참여하지 않은 채 외국에서 망명 생활을 하면서 자국의 현실을 그리는 대다수의 '붐 소설' 작가들을 "유럽과 미국의 부패하고 타락한 사회에서 제국주의와 대도시 자본주의 문화를 중개하는 자들"로 비난한다.

이런 카스트로의 문화 정책은 당시 사르트르와 보부아르 같은 세계적인 지식인들과 바르가스 요사로 대표되는 '붐 소설' 작가들의 거센 항의를 받는다. 이 사건으로 인해 쿠바는 더 이상 '붐 소설' 작가들의 이상향이 되지 못한다. 즉, 이런 문화 정책의 경직화로 인해 쿠바는 더 이상 라틴아메리카 현대 소설가들에게 영향을 끼치지 못할 뿐만 아니라, 라틴아메리카에서 쿠바를 고립시키는 결정적인 계기가 된다.

6. '붐 소설'의 특징—언어의 유희와 역사 의식

라틴아메리카 소설이 주요 테마로 삼고 있는 문학 언어에 대한 의식은 라틴아메리카 언어의 결핍을 인식하고 그 언어를 재구성하기 위해 노력한 보르헤스부터 현대 소설가에 이르기까지 지배적 요소가 되었다는 것을 알 수 있다. 이러한 라틴아메리카 현대 소설의 특징적인 현상을 살펴보면 다음과 같다.

1. 논리 정연한 시간 순서에 입각해 전개되는 구조를 배척하면서, 주인공의 정신적 전개 과정과 현실의 다원성을 반영하는 실험적 구조의 사용.
2. 현실에 바탕을 둔 리얼리즘 소설의 공간을 상상적 공간으로 대치.
3. 3인칭 전지자적 시점을 포기하고 모호하고 다양한 서술자를 사용.
4. 상징적 요소의 사용.
5. 존재 이유로써 사용했던 사랑을 부정하고 이를 개인이 고독을 상징하는 것으로 탈바꿈시키는 반낭만주의화.
6. 모든 도덕적 터부에 대한 반란. 이것은 특히 종교와 성에 대한 문제로 부각되는데 이는 살바도르 엘리손도Salvador Elizondo가 말한 "현 세계가 우리에게 숨기고 있으며 또한 우리의 비밀스런 삶이 나타나는 불분명하고 난해함이 보여주는 광란의 전망"이라는 관점에서 이해될 수 있다.

라틴아메리카 현대 소설은 문학의 모든 장르를 아우르면서, 라틴아메리카 현대 사회의 새로운 요구에 부응하는 언어를 아이러니와 유머, 언어의 유희를 통해 만든다. 이런 문학 사상은 상상력과 자유를 균등하게 다루면서, 라틴아메리카 사회의 공식 언어가 지닌 위선과, 그 언어가 제국주의에 대한 복종을 보여 준다는 것을 밝히면서 새로운 언어를 형성한다. 이런 공식 언어에 대한 문제 의식은 지배 권력의 언술 행위에 대항하는 반담론counter-discourse의 성격을 띤다고 말할 수 있다.

이렇게 라틴아메리카 현대 소설가들은 과거와 결별하고 라틴아메리카 대륙에 현존하는 언어의 결핍 문제를 재검토한다. 그들은 과거의 리얼리즘 소설이 보여 준 현실 고발 문학과는 달리, 식민 시대 이후 4세기 동안 라틴아메리카의 역사 속에서 침묵을 지켜 오면서 '말하지 못했던' 것을 자신들의 작품에서 비판적으로 소설화한다. 즉, 한 언어를 고안한다는 것은 역사가 숨겨 왔던 모든 것을 서술하는 것이라는 의식을 바탕으로, 과거 성스러운 텍스트들로만 가득한 라틴아메리카 사회 속에서 숨겨지고 소외되어 왔던 타락한 언어에 대한 목소리를 다시 회복한다. 이것은 보드리야르Jean Baudrillard의 배설 문화, 아르토A. Artaud 의 '기관이 없는 신체', 로절린드 크라우스Rosalind Krauss의 '부정적 공간', 리오타르Jean François Lyotard의 '단순한 폭발', 바르트Roland Barthes의 '회피'로 대표되는 현대의 글쓰기와 밀접한 관련이 있다.

이와 같이 라틴아메리카 현대 소설은 거짓되고 봉건적인 라틴아메리카 사회의 위선적이고 시대착오적인 언어에 대항한 새로운 시작으로서 언어를 구사한다. 즉, 라틴아메리카의 전통 작품들이 기성 질서를 반영하고 합리화하는 것에 만족한 것과는 달리, 라틴아메리카의 현대 소설은 이런 면을 쓸모없는 것이고 시대착오적인 것이라 규정하면서, 또 다른 가능성을 염두에 두는 무질서를 추구한다. 그리고 라틴아메리카 전통 문학이 부동적이고 고상한 문학을 수호하려고 한 것과는 달리, 현대 문학은 이러한 기성 질서를 부정하고 또한 기성 언어에 경적을 울리면서, 무질서와 유머를 겸비한 혁신을 꾀하고 있다는 점에서 가히 혁명적이라고 말할 수 있다. 이런 모호성의 언어는 의미의 다양성을 내포한 열린 문학의 지평을 제공한다.

이런 '붐 소설'은 전 세계의 작가에게 지대한 영향을 끼친다. 알랭 로브 그리예, 줄리아 크리스테바, 필리프 솔레르스, 존 바스, 로버트 쿠버, 도널드 바셀미, 존 가드너, 토마스 핀천, 커트 보네거트, 살만 루시디, 타하르 벤 젤로운, 안톤 샤마스, 토니

모리슨, 귄터 그라스, 움베르토 에코, 주제 사라마구, 밀란 쿤데라 등 현재 내로라하는 작가들이 직접적이든 간접적이든 라틴아메리카의 '붐 소설', 특히 보르헤스와 가르시아 마르케스의 영향을 받았다는 것은 이미 세계 문학계에서 공인된 사실이다.

7. '붐 소설'을 탄생시킨 사회·정치적 요인들

그럼 왜 라틴아메리카 현대 소설은 폭탄이 터지듯 세계를 강타하면서 갑자기 부상하게 되었을까? 이것은 작가들의 문학적 역량 이외에도 문학 외적인 상황과도 깊은 관련이 있다. 이미 언급했듯이 라틴아메리카 현대 소설의 탄생에서 가장 중요한 시기는 1940년대 후반이다. 이 시기는 제2차 세계대전이 끝난 직후이다. 이 세계대전은 라틴아메리카 대륙의 경제와 문화 전반에 커다란 영향을 끼친다. 또한 이 전쟁은 라틴아메리카 현대 소설을 발전시킨 일련의 사건과 긴밀한 관련을 맺고 있다.

제2차 세계대전이 일어나기 몇 해 전에 스페인은 내전을 경험했고, 그 내전은 스페인을 여러 국가가 개입된 국제적 전쟁터로 만들었다. 공화국을 물리친 프란시스코 프랑코의 군대는 많은 스페인 지식인들을 망명길에 오르게 했으며, 그들 중 대다수가 라틴아메리카를 망명지로 정한다. 그들은 라틴아메리카에서 문학 활동을 계속하면서 라틴아메리카 작가들과 대화를 나누게 되고, 이것은 라틴아메리카 지식인들을 고무시키며 라틴아메리카 내에서 문화 활동을 촉진시키는 원동력이 된다.

또한 이 시기 루스벨트 대통령은 친선 우호 정책을 내걸고 아메리카와 미국의 관계를 개선시키고, 정치 · 경제적으로 라틴아메리카 대륙을 지원하는 체제를 수립한다. 그 결과, 1942년경에 라틴아메리카 9개국은 추축국 편에 서서 그들을 도왔지만 1945년경에는 모든 국가들이 만장일치로 추축국에게 전쟁을 선포한다. 제2차 세계대전 이후 연합군은 서방 세계에 그들의 영향력을 확산시키고 강화하기 위해 먼로 독트린 정책을 유지하면서 라틴아메리카로 눈을 돌린다.

그리고 제2차 세계대전 중에 라틴아메리카는 연합군 측에 식량과 전쟁 물자들을 제공하면서 전례 없는 경제 성장을 이룩한다. 그러한 소득 증가로 인해 라틴아메리카는 문화와 문학이 발전할 수 있는 토대를 갖게 된다. 또한 이 전쟁은 미국과 유럽 국가들이 라틴아메리카를 포함한 다른 국가의 존재를 깨닫고, 그들의 문화를 인정하게 만드는 동기로 작용한다.

미국과 라틴아메리카의 접촉이 활발해지면서 미국 남부의 작가들은 라틴아메리카 작가들에게 친숙하게 다가오게 된다. 특히 윌리엄 포크너, 존 더스 패서스, 헤밍웨이는 '붐 소설'의 작가들에게 지대한 영향을 준다. 심지어 그들의 몇몇 작품은 '붐 소설'의 작가들에 의해 번역된다. 가령 '붐 소설'의 작가 계열에 속해 있는 리노 노바스 칼보Lino Novás Calvo는 포크너와 헤밍웨이에 관한 글을 쓰기도 하며, 1955년 쿠바의 잡지《보헤미안》에 헤밍웨이의《노인과 바다》를 번역하여 게재한다. 이 노바스 칼보의 번역본은 카브레라 인판테의《세 마리의 슬픈 살쾡이》의 작중 인물인 실베스트레와 아르세니오 쿠에의 토론 대상이 되기도 한다. 그들은 노바스 칼보가 이 소설의 첫 페이지에 세 개의 중요한 실수를 범했으며, 마지막 페이지에서 아프리카의 사자를 물개로 만드는 등 번역이 훌륭하지 않음을 지적했다.

유럽과 미국은 1959년 카스트로의 쿠바 혁명과 1962년의 미사일 위기를 맞으면서 다시 라틴아메리카에 관심을 집중한다. 카스트로와 관련된 일련의 사건들과 라틴아메리카는 미국과 소련의 냉전 관계에서 주요 관심사로 부각된다. 또한 쿠바 혁명의 성공으로 공산주의가 라틴아메리카 전역으로 확산될 것 같은 징조가 보이자 라틴아메리카에 세계의 이목이 집중된다. 한편 라틴아메리카 국가들이 카스트로 정부를 호의적으로 생각하자, 이것에 대응하기 위해 케네디 대통령은 라틴아메리카의 공산주의 확산을 저지하고 문화와 교육 부분을 지원하기 위한 목적으로 '진보 동맹' 계획을 실행한다. 이 계획은 라틴아메리카 현대 문학의 발전, 특히 '붐 소설'의 발전을 이루는 데 커다란 도움을 준다.

한편 쿠바 혁명은 유럽과 라틴아메리카 작가들이 서로 교류하는 계기뿐만 아니라, 당시 라틴아메리카 대륙 내에서 개별적으로 활동하던 유명 작가들이 서로 만날 수 있는 기회도 제공한다. 혁명 초기에 전 세계의 지식인들은 피델 카스트로 정부의 목표와 자신들이 생각이 일치한다고 믿었다. 《혁명》 신문과 그 신문의 주말 문학 부록 섹션인 〈혁명의 일요일〉 편집진은 그런 지식인들과 작가들을 쿠바로 초청했다. 1961년 11월에 〈혁명의 일요일〉이 폐간되자, 쿠바 정부의 공식 문학 기관지인 《아메리카의 집》이 라틴아메리카 문화와 문학의 중심으로 부상한다. 많은 작가들 중에서도 특히 카를로스 푸엔테스, 호세 도노소, 가르시아 마르케스, 훌리오 코르타사르는 쿠바를 여러 차례 방문하여 다른 라틴아메리카 작가들을 만나고 그들의 작품을 읽게 된다.

이런 내적·외적 상황에 힘입어 제2차 세계대전 이후 라틴아메리카 문학은 놀라울 정도로 성장한다. 1945년에 칠레의 여류 시인 가브리엘라 미스트랄Gabriela Mistral은 라틴아메리카 작가 최초로 노벨문학상을 탄다. 이로 인해 유럽과 미국 문학계는 미스트랄이라는 시인뿐만 아니라 라틴아메리카 문학의 수준을 인정하게 된다.

미스트랄 이후 다른 라틴아메리카 작가들도 국제적으로 높은 평가를 받는다. 과테말라의 소설가 미겔 앙헬 아스투리아스는 1967년에, 그리고 칠레의 시인 파블로 네루다Pablo Neruda는 1971년에, 콜롬비아의 소설가 가브리엘 가르시아 마르케스는 1982년에, 멕시코의 시인 옥타비오 파스Octavio Paz는 1990년에 각각 노벨문학상을 받는다. 또한 이 시기에 보르헤스나 카르펜티에르 같은 작가들도 오랫동안 유력한 노벨문학상 후보로 거론되면서 수많은 국제 문학상을 휩쓴다. 그리고 이들과 버금하거나 더 뛰어난 작가들이 속속 등장한다. 그래서 1960년대에는 '붐 소설'이 탄생하고, 1970년대와 1980년대에는 '포스트붐 소설'이라고 불리는 세대가 탄생한다.

이렇게 태어난 라틴아메리카 현대 소설은 수많은 뛰어난 작가들을 자랑하고 있을 뿐만 아니라, 그 내용도 다양하고 풍부하다. 가령 환상 문학은 보르헤스와 비오이 카사레스Adolfo Bioy Casares, 훌리오 코르타사르에게서 집중적으로 발견된다. 또한 '마술적 사실주의'는 가르시아 마르케스와 알레호 카르펜티에르에게서 찾아볼 수 있다. 그리고 가르시아 마르케스와 푸엔테스, 카르펜티에르의 작품에서는 역사의 문제도 읽을 수 있다. 한편 에로티시즘과 동성애는 마누엘 푸익Manuel Puig과 레사마 리마의 작품을 특징짓고 있으며, 카르펜티에르와 브라질의 조르지 아마두의 작품은 아프리카계 라틴아메리카인들과 그들의 관심사를 다루기도 한다.

또한 라틴아메리카 원주민의 문제는 호세 마리아 아르게다스와 로사리오 카스테야노스Rosario Castellanos와 아스투리아스의 작품에서 심도 있게 다루어진다. 혁명의 문제는 푸엔테스와 카르펜티에르의 주요 관심사가 되고, 독재는 가르시아 마르케스와 로아 바스토스, 그리고 아스투리아스의 대표작에서 쉽게 찾아볼 수 있다. 그리고 아스투리아스와 베네데티의 작품은 사회 비판적 성격을 강하게 띠고 있으며, 동시에 호세 도노소와 마누엘 푸익은 부르주아 사회를 찬양하기도 한다. 농촌은 룰포의 작품에서 다루어지고, 자서전적 글쓰기는 클라리시 리스펙토르Clarice Lispector와 기에르모 카브레라 인판테에게서 찾아볼 수 있다. 여성의 문제는 루이사 발렌수엘라Luisa Valenzuela와 포니아토브스카Elena Poniatowska 등의 여류 작가의 작품에서 잘 드러나고 있다.

8. '포스트붐'—제3세계 문학의 새로운 가능성

최근 들어 우리나라에서는 '붐 소설'에 대한 관심이 커지고 있지만, 라틴아메리카 문학과 관계된 미국과 라틴아메리카의 문학지를 살펴보면 '포스트붐 소설'이라는 새로운 사조가 주류를 이루는 것을 볼 수 있다. 그럼 도대체 '포스트붐'이란 무엇인가? 이러한 질문은 다음과 같은 네 개의 질문을 던짐으로써 그 해답을 찾을 수 있다. 1) '포스트붐 소설'의 일반적 특성은 무엇인가? 즉, 이 용어는 무엇을 뜻하는가? 2) '포스트붐 소설'의 적당한 시대적 구분을 할 수 있는가? 3) '포스트붐 소설'의 대표적 작가들은 누구인가? 4) '포스트붐 소설'과 포스트모더니즘을 관련 지을 수 있는가?

처음 두 가지 질문에 대해서는 비교적 쉽게 대답할 수 있다. '포스트붐 소설'은 1960년대 말에 시작되었다는 것이 비평가들과 문학이론가들의 일반적인 견해이다. 하지만 도널드 쇼 Donald Shaw 같은 비평가는 안토니오 스카르메타Antonio Skármeta가 칠레의 사회주의 정부인 아옌데 정권의 몰락을 그린 《나는 눈이 끓고 있는 것을 꿈꾸었다》를 발표한 1975년으로 보고 있다. '붐 소설'이 1940년대에 발현하여 1960년대에 꽃피웠듯이, 1960년대 말에 모습을 보이기 시작한 '포스트붐 소설'은 1980년대에 이르러 진성기를 맞이한다. 이 시기에 이사벨 아옌데 Isabel Allende의 《영혼의 집》이 출판되고, '붐 소설'의 작가들도 '포스트붐 소설' 성향을 띤 작품을 출판하기 시작한다.

'포스트붐 소설' 작가들은 크게 두 부류로 나뉜다. 첫째 부류는 앞서 말했듯이 '붐 소설' 작가들의 작품에서 '포스트붐 소설'로의 전환이 눈에 띄는 경우이다. 특히 대중적인 것으로의 변화가 가장 인상적이다. 바르가스 요사는 익살극과 연속극을 사용하고, 호세 도노소는 《로리아 후작 딸의 이상한 실종》(1980)과 같은 작품에서 에로티시즘과 미스터리 그리고 투명한 리얼리즘 스타일을 채택한다. 푸엔테스는 놀림조의 스파이물인 《히드라의 머리》(1978)를 썼고 가르시아 마르케스는 일종의 탐정 소설인 《예고된 죽음의 연대기》(1981)와 감상적 로맨스에 바탕을 둔 《콜레라 시대의 사랑》(1985)을 발표한다.

이 첫 부류의 가장 좋은 예를 보여 주는 작가들은 바르가스 요사와 도노소이다. 바르가스 요사의 《판탈레온과 그의 여자 방문객들》(1973)은 성적 코미디이며, 자동기술법을 매우 접근 가능하게 사용한다. 마찬가지로 그의 《나는 훌리아 아주머니와 결혼했다》(1977)도 유쾌하고 재미있다. 여기서 작가는 갈수록 기상천외하게 변해 가는 일련의 라디오 드라마와 대조적으로 자전적인 성인 이야기를 들려준다. 한편 도노소는 '붐 소설'의 엘리트주의를 보다 분명하게 극복한다. 그는 '붐 소설'을 가망 없는 "막다른 골목"으로 보면서, "매일 인쇄되는 숨 막힐 것 같은 실험 소설들과 의미의 다양화만 추구하는 답답한 작품들에서 새롭게 탄생할 수 있도록 이제 라틴아메리카의 현대 소설은 과거와 단절하고 변화해야 하는 순간에 오지 않았는가?"라고 묻는다. 이런 물음에 대한 대답을 보여 주는 그의 대표적인 작품으로는 《들판의 집》(1978)과 《로리아 후작 딸의 이상한 실종》을 들 수 있다.

한편 '붐 소설' 이후에 등장하면서, 기존 붐 소설 작가들의 작품들과 많은 변화를 보이는 새로운 작가 그룹은 주류와 비주류로 나눌 수 있다. 소위 '포스트붐 소설'의 주류를 이루는 작가들로는 칠레의 이사벨 아옌데와 안토니오 스카르메타, 아르헨티나의 루이사 발렌수엘라, 멤포 지아르디넬리Mempo Giardinelli, 마누엘 푸익, 오스발도 소리아노Osvaldo Soriano 등이 있다. 또한 쿠바의 미겔 바르넷Miguel Barnet과 콜롬비아의 오스카르 코야소스Oscar Collazos가 이 그룹을 형성하고 있으며, 멕시코의 엘레나 포니아토브스카, 우루과이의 크리스티나 페리 로시Cristina Peri Rossi, 니카라과의 세르히오 라미레스Sergio Ramírez, 콜롬비아의 라우라 레스트레포Laura Restrepo 등도 여기에 속한다. 반면 비주류로는 '붐 소설'의 실험적 성격을 계승하는 작가들로, 멕시코의 호세 아구스틴José Agustín, 호세 에밀리오 파체코José Emilio Pacheco, 살바도르 엘리손도Salvador Elizondo, 페르난도 델 파소Fernando del Paso, 구스타보 사인스Gustavo Sáinz 등의 소위 '물결' 그룹과 쿠바의 레이날도 아레나스Reinaldo Arenas와 세베로 사르두이Severo Sarduy, 콜롬비아의 라파엘 움베르토 모레노 두란Rafael

Humberto Moreno-Durán 등이 있다.

'포스트붐 소설' 작가들은 '붐 소설'의 작가들과는 달리 로큰롤, 블루진, 상업 잡지, 슈퍼마켓, 마약, 성 해방 등의 물결 속에서 미국의 영향을 받으며 자란 작가들이다. 이런 요소들은 특히 라틴아메리카의 도시 생활인 사이에 광범위하게 파고든 요소들임을 부인할 수 없다. 이 작가들은 대중문화 요소를 흡수하면서 고급문화 양식을 배격한다. 이들의 소설을 읽게 되면 흔히 전통 음식을 코카콜라를 함께 먹으며, 캐주얼웨어를 입은 채 전통 형식을 찾으려고 하고, 비틀스의 노래를 자신들이 사용하는 도시 슬랭과 섞어 쓰며, 반제국주의적 메시지를 미국의 이미지를 풍기는 비트족들의 대중적 표현을 통해 수용하고 있음을 쉽게 발견할 수 있다.

이런 작가들의 미학의식으로 발생한 이 현상은 문화복합 현상을 저해하면서 또 다른 제국주의의 지배적 요소로 등장한 것이 아니라 자체의 문화복합 현상을 가속화시키는 역할을 담당했고, 이것은 이전 그룹의 작가들보다 더욱 조직적이고 치밀한 형태로 진행된다. 다시 말하면, 이번에는 라틴아메리카 모더니즘 시에서 나타난 것처럼 베르사유의 화려한 모습이나 아방가르드 문학처럼 유럽의 문예사조를 흡수하여 라틴아메리카를 하나의 초현실주의 대륙으로 간주할 필요도 없었다. 더군다나 미국의 남부 문화가 라틴아메리카 문화와 통합성을 이루고 있다는 주장에도 의지할 필요가 없었다. 이와는 달리 단지 복합문화의 산 경험을 자신들의 독특한 문화체제 속에서 소설로 구체화하면서 라틴아메리카 문화의 다양성을 통해 획일화된 라틴아메리카 권력에 도전한다.

그렇다면 주류 '포스트붐 소설'의 특징은 무엇일까? 우선 '포스트붐 소설' 작가들은 세 가지 측면에서 '붐 소설'을 비판한다. 그들의 비판은 1) '붐 소설'이 과도한 엘리트주의에 빠져 있어 독자가 작품을 쉽게 읽을 수 없다는 점, 2) 과도한 세계주의 성향으로 인해 라틴아메리카의 현실을 무시하고 있다는 점, 3) 현실의 불가해성과 언어가 현실을 표현할 수 없다는 점을 강조하면서 너무 소설 기법에 의존한다는 점으로 요약될 수 있다.

앞에서 언급했다시피 '붐 소설'은 현실의 개념과 작가의 임무에 대해 급진적인 자세를 취한다. 그래서 직선적 시간 개념과 인과 관계에 집착하는 낡은 리얼리즘을 배격하고 현실이 불가사의하며 애매모호하다고 주장하면서, 환상과 신화, 창조적 상상력에 절대적으로 의존한다. 그러나 1970년대 후반으로 들어서면서 이런 실험적 소설 기법은 진부한 것으로 전락하게 되면서 위기에 처하게 된다. 또한 '붐 소설'은 전통적인 작중 인물과 작가의 권위를 부정하였으며 전보다 더욱 언어의 역할에 치중하는 고상한 관점을 채택하고 있었다. 즉, 롤랑 바르트의 용어를 사용하자면 독자가 읽을 수 있는 소설보다는 오히려 '쓸 수 있는 텍스트'를 지향하고 있었던 것이다. 이러한 '붐 소설'의 특성에 반발한 '포스트붐 소설'은 1) 라틴아메리카 현실을 새로운 관점에서 수용하고 라틴아메리카 사회를 비판하면서 사회 참여를 꾀하며, 2) 독자들이 읽기 쉬운 작품을 쓰고, 3) 강력한 사회 비판을 내포한 리얼리즘으로의 회귀로 특징지어진다.

우선 첫 번째로 지적한 사회 비판은 스카르메타가 말한 "현실이라는 전통적 얼굴"을 기록하고 해석하는 작가의 능력을 재발견했음을 의미한다. 이런 것은 아르헨티나의 비델라 정권과 칠레의 피노체트의 억압적 정권, 1973년 이후 우루과이를 지배했던 군사 통치, 1970년대 니카라과의 소모사 독재체제 등을 겪은 라틴아메리카 작가들이 '저항 소설'을 그들의 의무라고 생각했다는 사실을 시사한다. 이런 사회 비판을 담은 대표적인 소설로는 안토니오 스카르메타의《반란》(1982), 이사벨 아옌데의 《사랑과 어둠에 관하여》(1984)와 루이사 발렌수엘라의 단편집 《무기의 변화》(1982) 등을 들 수 있다.

한편 '포스트붐 소설'에 관해 간헐적으로 언급해 왔던 이사벨 아옌데는 사회 비판뿐만 아니라 이상적 사랑으로의 회귀, 낙관주의, 망명 경험 등이 '포스트붐 소설'을 결정짓는 요인이라고 지적한다. 이 중에서 특히 이상적 사랑은 '포스트붐 소설'의 주류 소설가들에게 매우 중요하게 작용한다. 사실 '붐 소설'은 일반적으로 남녀의 사랑이라는 개념을 불만족스럽게 바라보았다. 이들의 작품에서 이성 간의 사랑은 개인의 기본적이자 실존적인 문제를 해결하는 데 결정적인 역할을 하지 않는다.

가령 후안 룰포의《페드로 파라모》에서 페드로 파라모는 수사나에게서 사랑을 거부당한 채 종말을 맞이하며, 카를로스 푸엔테스의《아르테미오 크루스의 죽음》에서 아르테미오는 그의 첫사랑인 레히나가 죽은 이후 카탈리나와 진정한 사랑을 나누지 못하고 숨을 거둔다. 또한 바르가스 요사의《색시집》에는 도처에 결핍된 사랑만이 등장한다.

그러나 '포스트붐 소설' 작가들은 "피임약의 도착과 에이즈의 출현 사이에서 성장해 온" 사람들이며, 따라서 성性이 그들의 실존에 당연한 것이라고 생각한다. 이런 극명한 예가 이사벨 아옌데의 《사랑과 어둠에 관하여》, 멤포 지아르디넬리의 《뜨거운 달》(1983), 스카르메타의 《네루다와 우편배달부》(1985), 페리 로시의 《사랑받지 못한 외로운 사람》(1988) 등이다.

'붐 소설'의 작품들은 현실이란 개념을 내·외적으로 새롭게 수용하려는 태도를 취하며, 그 결과로 실험적인 글쓰기를 시도한다. 특히 훌리오 코르타사르의 《돌차기 놀이》, 후안 룰포의 《페드로 파라모》, 카를로스 푸엔테스의 《아르테미오 크루스의 죽음》 등에서 구현되는 파편화된 글쓰기는 '파편화된 현실 효과'를 보여 주는 대표적인 예이다. 이런 식으로 그들은 "법칙이나 인과 관계에 의해 지배되는 세상에서 모든 것을 설명하고 묘사하려는 리얼리즘"에 대해 반대한다.

그러나 '포스트붐 소설' 작가들은 이런 인과 관계와 직선적인 시간 개념을 다시 소설의 기본 도구로 사용한다. 즉, '붐 소설'이 불가해한 현실의 '어지러운' 메타포를 사용하는 반면에, '포스트붐 소설' 작가들은 우리가 보다 쉽게 이해할 수 있도록 독자에게 '익숙한' 메타포를 사용한다. 스카르메타는 《네루다와 우편배달부》의 서문에서 "1인칭 서정 소설, 소설 속의 소설, 메타 언어, 시간과 공간의 왜곡" 등을 비웃고 있으며, 아옌데 역시 그녀의 소설에서 텍스트의 실험성과 모호성을 포기하고 연대기적인 시간 순서대로 분명하게 서술한다.

이렇게 '포스트붐 소설' 작가들은 실험 소설을 포기하고 독자에게 친숙하게 다가갈 수 있는 작품을 쓴다. 가령 멤포 지아르디넬리의 《뜨거운 달》은 탐정소설 기법을 이용하면서 단순한 언어와 명료한 소설 구조를 구사한다. 또한 아옌데는 《에바 루나》(1987)에서 자서전적인 서술 양식을 TV 연속극 시나리오와 융합하며 페리 루시도 《사랑받지 못한 외로운 사람》에서 직선적인 시간을 사용하면서 비사회적 존재의 고통받는 사랑을 서술한다. 이런 점에서 "요즘은 전통적 장르의 사용이 어떤 의미에서는 소설의 실험적 글쓰기이다"라고 지적하는 리카르도 피글리아Ricardo Piglia의 말은 매우 시사적이다.

이제 '포스트붐 소설'을 종합해 보면 붐 소설에 대한 비판, 언어의 지시 기능으로의 의식적인 회귀, 감정과 사랑의 중시, 사회 참여 등이 주된 특징이라는 것을 알 수 있다. 이것과 더불어 '포스트붐 소설'은 요즘 세대의 문화와 팝문화를 다룬다. 또한

'붐 소설'에서 소외되어 왔던 페미니즘, 유대인, 동성애뿐만 아니라 노동자 계급이 매우 중요한 주제로 부상한다. 그리고 소설 기법 면에서 멜로드라마와 탐정소설의 구조를 지닌 플롯을 강조하면서 독자가 쉽게 읽을 수 있는 소설을 지향한다.

9. 포스트모더니즘과 탈식민주의의 문제들

최근 들어 미국과 유럽에서는 '붐 소설'이나 '포스트붐 소설'의 문학사조를 1980년대 이후 태동한 문학이론으로 설명하기 위해 많은 노력을 기울이고 있다. 익히 알려져 있다시피 포스트모더니즘은 '재현의 위기' 혹은 사실과 정확성이란 기본적인 범주를 상정하는 '지식의 거울이론'에 대한 믿음의 상실에서 나온다. 그런 까닭에 '포스트모더니즘' 이론은 상당 부분을 '붐 소설' 작가들의 작품에 바탕을 두고 전개되면서, 포스트모더니즘의 시작과 끝이 바로 '붐 소설'에 있다고 지적한다. 이런 의미에서 '붐 소설'은 포스트모더니즘과 밀접한 관련을 맺고 있다고 볼 수 있다.

이런 것은 라틴아메리카 문학의 다원적 성격과 관련이 있다. 그러나 라틴아메리카 문학은 포스트모더니즘처럼 "목적성이 결여된 절충주의나 억압의 위장된 형태"가가 아니라 "변형, 수정, 혹은 어떠한 비판적 논쟁에서도 무엇이 위기에 처해 있는가를 명확히 밝혀 주는 의사소통의 형태"의 의미를 지닌다. 즉, 이는 기호의 연결 체계로서 문화라는 씨실과 자연이라는 날실로 짜인 직물을 읽는 포스트모더니즘의 텍스트주의자들의 주장과는 상이하다.

'붐 소설'에서 언어적 실험을 통해 불확정성과 다원성을 창출하는 것은 라틴아메리카 특유의 현실과도 밀접한 관련이 있다. '붐 소설'은 라틴아메리카 대륙의 현실과 미학적 문제를 결부시켜 이를 라틴아메리카 현실에 맞게 변형하면서 사용하려고 한다. 19세기 리얼리즘은 '현실'에 대한 순수한 '역사적' 개념을 구성하는 것이 무엇인가라는 문제를 근본적으로 평가하지 못한 채 단순히 '역사적인 것'을 '신화적인 것'과 상반된 개념으로 가정한다. 그러나 '붐 소설'은 라틴아메리카의 현실에 바탕을 둔 부단한 언어의 탐구이다. 즉, 이는 혼합문화인 라틴아메리카가 지닌 문화적 · 역사적 산물인 것이다.

그래서 푸코, 바르트, 에코, 하트만, 데리다, 블룸, 주네트, 그레마스, 토도로프, 크리스테바, 힐리스 밀러, 드 만, 피시 등이 주장하는 다원성과 '붐 소설'이 보여 주는 현상은 비슷할지라도 생성과정에는 차이가 있다. 이러한 텍스트주의자들은 모든 문학 현상을 단지 언어, 사상, 상상력의 구성물로 간주함으로써 비역사적인 성격을 띠는 반면에, '붐 소설'은 역사적 조건 속에서 생성되는 소설 언어이자 의미구조인 것이다.

한편 '포스트붐 소설'은 국가적 알레고리를 통해 포스트모더니즘 소설에 대한 반담론의 성격을 띠고 있다. 그래서 많은 이론가들은 '포스트붐 소설'이 탈식민주의의 특징을 많이 지닌다고 말한다. 하지만 이런 일반화 역시 매우 위험하기 짝이 없다. 라틴아메리카 문학 연구자들은 이론적 관점에 의거한 이런 일반화에 반대하면서 '붐 소설'과 '포스트붐 소설'이 다소 차이가 있지만, 모두 포스트모더니즘과 탈식민주의의 관점을 모두 지니고 있다는 데 일치한다. 이렇게 '붐 소설'과 '포스트붐 소설'은 유럽과 미국, 그리고 라틴아메리카에 있어서 '문화적 논리'의 차이가 있음을 보여 준다.

II. '붐 소설'과 '포스트붐 소설'의 대표 작품들

1960년대 이전까지만 해도 라틴아메리카 소설은 주변 문학으로 여겨졌다. 그러나 1960년대에 들어 가르시아 마르케스, 카를로스 푸엔테스, 훌리오 코르타사르, 마리오 바르가스 요사 등의 작가가 국제 문학 무대에서 주목을 받으면서 상황은 급변한다. 제임스 조이스James Joyce, 버지니아 울프Virginia Woolf, 토마스 만Thomas Mann, 윌리엄 포크너William Faulkner, 마르셀 프루스트Marcel Proust 등의 서양 작가들에게 영향을 받고 쿠바 혁명에 영감을 받아, 라틴아메리카 현대 소설의 대표 작가들은 그들의 작품이 예술적으로 성년에 이르렀다고 확신하면서 글을 쓰고,

서구 세계의 사회적·정치적 변화를 야기할 역할을 할 수 있도록 준비한다.

유럽에 거주하던 라틴아메리카의 대표 작가들은 서로를 알고 있었으며, 서로의 원고를 읽었고, 상대방의 소설에 관한 글을 써 준다. 그들은 심지어 자신들의 소설에 다른 작가들의 등장인물을 포함시키기도 한다. 이런 그들의 자신감은 비평가들의 전례 없는 극찬과 더불어 대중들의 인기를 얻으면서 라틴아메리카 소설사에서 처음으로 작품성과 상업성을 두루 갖춘 세계 수준급의 작가라는 평을 받게 된다. 이들은 일반적으로 '붐 소설'의 작가라고 불린다. 한편 '붐 소설' 이후 세계의 시선을 사로잡은 두 번째 파도가 라틴아메리카 소설계에 일어난다. '포스트붐 소설'이라고 알려진 이 작가 그룹에는 이사벨 아옌데, 로사리오 페레, 넬리다 피뇬Nélida Piñón과 같은 여성 작가들을 비롯하여 마누엘 푸익, 안토니오 스카르메타, 멤포 지아르디넬리와 같은 새로운 작가들이 포함된다.

여기에서는 앞서 언급한 '붐 소설'과 '포스트붐 소설'의 역사와 특징을 보다 구체적으로 보여 주기 위해 구체적인 작품들을 개괄적으로 살펴보고자 한다. 그리고 이런 작품 개관을 통해 라틴아메리카 소설을 이해할 수 있는 몇 가지 통로를 제공하고자 한다.

1. '붐 소설'의 선구자들

1) 미겔 앙헬 아스투리아스의 《대통령 각하》

이 작품은 1967년에 노벨문학상을 수상한 과테말라의 작가 미겔 앙헬 아스투리아스의 첫 작품이다. 작가는 1920년대와 1930년대에 과테말라와 프랑스의 파리에서 이 소설을 썼지만 과테말라의 호르헤 우비코Jorge Úbico 독재 정권이 무너진 1946년에야 출판한다. 아스투리아스는 마누엘 에스트라다 카브레라Manuel Estrada Cabrera 독재 정권을 공격하기 위해 이 소설을 썼지만 이 작품은 모든 라틴아메리카 독재 정권의 잔혹한 공포를 대표한다.

이 소설에 그려진 전제 정권의 그로테스크하고 폭력적이며 악몽과 같은 광경들은 의식의 흐름과 다양한 관점, 그리고 익살스러운 말장난과 자유연상 작용과 같은 복잡한 서술 구조 속에서 드러나 있다. 여기서 아름답고 시적인 아스투리아스의 언어는 독재 정권의 공포와 폭력을 강조하는 강력한 아이러니로 이용된다. 소설 속에 등장하는 대통령은 모든 행위의 보이지 않는 유발자이자 심술궂은 사람으로 행동한다. 그의 권력과 지식은 모든 사람에게 계속된 위협의 대상이 되고, 그는 국민들의 정신 상태를 완벽하게 지배한다. 이렇게 아스투리아스는 공포로 통제되는 국가의 초상을 만드는 데 성공한다.

이 소설의 중심 동기 중의 하나는 어둠에 대한 빛의 힘, 그리고 루시퍼에 대한 천사의 힘이다. 이런 지옥의 세계에서 과거에는 협력자였던 사람들, 그리고 명백한 이유도 없이 지하 감옥으로 던져진 사람들, 혹은 진실을 말했다는 이유로 죽을 정도로 고문을 당한 사람들에 대해 계속해서 음모가 꾸며진다. 그 어느 순간에도 대통령은 그의 협력자들에게 등을 돌릴 수 있다. 그건 아주 하찮은 위반 행위를 통해서도 이루어질 수 있으며, 심지어 그런 위반 행위도 실제가 될 수도 있고 상상이 될 수도 있다. 여기서 사실의 진위에 관해 결정하는 것은 쓸모없는 일이다. 고문과 형벌은 너무나 자의적으로 행해지기 때문에 몇몇 인물들은 왜 자신들이 지하 감옥에 있는지, 혹은 왜 몇몇 행운아들이 석방되었는지 결코 알지 못한다.

이 이야기는 비웃음을 사던 바보에 의해 호세 파랄레스 손리엔테 대령이 죽는 것으로 시작한다. 대통령은 자기가 제거하고자 하던 두 명의 정적에게 대령을 살인했다는 누명을 씌우기로 결정한다. 정적 중 한 사람인 변호사는 체포되어 총살당한다. 또 한 명의 정적 카날레스 장군은 대통령의 측근인 미겔 카라 데 앙헬의 통고를 받고 산속으로 도망친다. 여기서 화자는 카라 데 앙헬, 즉 '천사의 얼굴'을 추락 천사로 나타낸다. 근사하고 상냥한 젊은이 카라 데 앙헬은 대통령의 총신寵臣으로 결코 자기의 직무와 의무에 의문을 던지지 않으며, 카날레스 장군에게 경고하여 미리 도피하게 만드는 일이 실질적으로는 대통령의 정적 살해 계획의 일부라는 것을 깨닫지 못한다.

그러나 카날레스 장군은 카라 데 앙헬 덕택에 도망에 성공하고 젊은이는 장군의 딸 카밀라를 그녀의 숙부 집까지 호위하게 된다. 정치적 보복을 두려워한 친척들은 그녀를 받아 주지 않는다. 이후 그녀는 심한 폐렴에 걸려 위중한 상태에 빠진다. 그러자 카라 데 앙헬은 병에 걸린 카밀라를 간호하고, 마침내 그녀를 사랑하게 되어 결혼한다. 그러면서 그는 대통령의 이기적이고 자기중심적인 꼭두각시에서 타인의 행복을 자기의 행복보다 우선시하는 사람으로 변모한다.

카라 데 앙헬은 카밀라의 목숨을 자기의 목숨보다 더 소중하게 여기는 행위를 통해 대통령을 배신한다. 그것은 대통령의 법이 증오와 폭력과 공포심으로 국민을 통제하고 파괴하는 것이기 때문이다. 카라 데 앙헬은 대통령에게 해를 끼칠 의도는 없었지만 궁극적으로는 독재자의 가장 악덕하고 잔혹한 처벌의 희생자가 된다. 소설 속의 어느 인물은 단지 사랑만이 죽음에 대항할 수 있다고 주장한다. 대통령은 카라 데 앙헬이 공공연한 배신행위를 범하지 않았다는 것을 알지만, 이런 사랑의 발견이 죽음으로 대가를 치러야 할 배신행위인 것처럼 응답한다.

카라 데 앙헬과 카밀라는 워싱턴으로 도망치지만 결국 체포되어 대통령의 심복에게 고문을 받는다. 그리고 가장 깊고 어두운 지하 감옥에 던져져 오랜 세월을 지낸다. 그런데 대통령이 잠입시킨 동료 죄수가 그에게 카밀라가 대통령의 정부가 되어 사랑을 받고 있다는 거짓말을 흘리고 카라 데 앙헬은 그곳에서 죽음을 맞는다.

아스투리아스의 소설은 독재 정권을 정치적이자 형이상학적이며 시적으로 다룬 작품으로 평가될 수 있다. 카라 데 앙헬이 이전의 사악한 존재에서 선한 존재로 변모하는 것은 공허한

승리로 보일 수 있다. 그것은 특히 지하 감옥에서 실의와 절망에 빠진 그의 끔찍하고 고통스럽게 느린 죽음이 대통령의 마수에서 벗어나지 못했기 때문이나 대통령은 그를 제거해야만 한다. 악의 화신인 대통령은 그의 선행이 자기 권력에 대한 도전과 위협이라는 것을 본능적으로 감지하기 때문이다. 카밀라는 작품의 마지막 부분에 아이와 함께 남는다. 이는 두 사람을 헤어지게 만들었지만 결코 그들의 사랑의 결실만은 파괴할 수 없었던 독재의 힘에 맞선 부부의 승리를 상징한다.

2) 아돌포 비오이 카사레스의 《모렐의 발명》

보르헤스의 절친한 친구로 더 널리 알려진 비오이 카사레스의 문학세계는 1940년에 발표한 《모렐의 발명》으로 새로운 시기를 연다. 이 작품은 이후 그의 작품의 특징으로 자리 잡는 환상성과 사랑의 감정과 같은 주제를 비롯하여 빈틈이라고는 찾아볼 수 없는 구조와 아이러니컬한 유머를 소설 형식으로 사용한다. 일반적으로 이 작품 이전에 출판된 비오이 카사레스의 작품은 적절한 문학 형식을 찾기 위한 시도로 평가된다. 그러나 그런 작품들이 모두 수준 이하의 것들만은 아니었다. 특히 단편집《죽은 사람 루이스 그레베》(1937)에 수록된 〈우편엽서 속의 연인들〉에는 사랑하는 연인과 영원히 함께 있기 위해 연인의 사진에 자기의 모습을 삽입하려고 결심하는 이야기가 있다. 한편《모렐의 발명》은 5년 후에 발표될 소설《도주 계획》을 미리 보여 주고 있기도 하다. 이 두 소설은 많은 요소들을 공통적으로 지니고 있지만 그중에서도 기적을 얻기 위해 인간의 삶과 과학적 수단을 주조하는 '핵심인물'의 증장은 특기할 만한 공통점이다.

《모렐의 발명》은 보르헤스의 서문과 함께 출판된다. 이 서문은 소설 그 자체와 마찬가지로 라틴아메리카 문학비평계에서 매우 중요한 글로 평가된다. 보르헤스는 여기서 심리 소설과 사실주의 소설을 거부하고, 모험 이야기, 즉 "체계적인 상상의 작품"을 선호한다. 그는 그 어떤 피상적인 요소도 참지 않는 순수 소설, 즉 "교묘한 언어적 고안품"의 소설을 제안한다. 보르헤스는 비오이 카사레스의 소설을 이런 요소들을 보여 주는 대표적인 작품이라고 평가한다.

《모렐의 발명》은 사법 당국의 눈을 피해 도망친 사람의 이야기이다. 그는 거의 사람이 살지 않는 빌링스라는 섬에 도착한다. 그 섬에서 포스틴이라는 여인과 항상 그녀의 곁에 있는 수염이 텁수룩한 테니스 선수 모렐과 마주친다. 주인공은 그가 머물고 있던 저지대로 몰려드는 밀물에서 살아남으려고 애를 쓰면서, 음식을 찾는 와중에도 주민들에게 발각되지 않으려고 노력한다. 그러나 이내 그는 포스틴을 사랑하게 되고 그녀 가까이에 있고 싶어 한다. 그런 동안 섬에서는 이상한 일들이 발생한다. 그 누구도 그를 보지 못하거나 그의 존재를 깨닫지 못하는 것이다. 사람들은 전에 사용했던 동일한 말이나 행동을 반복하는가 하면 갑자기 사라졌다가 갑자기 나타난다. 이는 보르헤스가 지적하듯이 "전혀 초자연적이 아닌 환상적 원리"로, 그들이 모렐의 '발명'에 의해 만들어진 단순한 영상 이미지이기 때문이다. 조수에 의해 작동되는 기계들과 녹화 테이프에 의해 사람들과 사물들의 완전한 모습이 상영된다. 그의 발명품은 시각적 · 청각적 현실뿐만 아니라 후각과 촉각과 미각이 있는 완벽한 현실을 구성할 수 있다. 포스틴을 사랑한 나머지 주인공은 자기 자신을 상영되는 영상들 속에 삽입하기로 마음먹는다. 닥쳐오는 죽음과 직면하여 그는 영원히 자기가 사랑하는 여인 곁에 있기를 바란다.

이 소설의 주제는 매우 매력적이다. 기계에 의한 존재들과 사물들의 창조, 전통적 시간 개념의 거부와 불멸의 탐구, 사랑의 행복과 불행에서 그의 작품 세계뿐만 아니라 보르헤스를 관통하는 주제를 엿볼 수 있기 때문이다. 그러나 이 작품의 가장 중요한 가치는 구성에 있다.

이 작품은 주인공-화자가 우리가 읽고 있는 것이 섬에서 일어난 이상한 사건들을 기록한 일기라고 설명하면서 시작한다. 그래서 주인공의 말은 물론 모렐의 말이 사실과 다름을 지적하거나 비판하는 '편집자' 각주가 종종 나타난다. 자기의 발명품에 대해 설명을 하는 모렐의 글은 주인공-화자를 통해 옮겨진 것이다. 그래서 독자는 주인공-화자, 편집자, 주인공-화자를 통한 모렐이라는 세 종류의 서술자에 의해 정보를 얻게 되지만 그 어떤 정보도 믿을 수 없다. 우선 주인공의 목소리는 우리가 믿지 못할 충분한 이유를 제공한다. 그가 인정하고 있듯이, 우리는 그가 사형을 선고받고 도망친 사람이라는 것을 안다. 스스로 사기성이 농후할지도 모른다고 인정하는 것과는 별도로 그가 병과 환각, 그리고 광기에 관해 말한다는 것이 중요하다. 또한 자신을 작가라고 밝히지만 이는 단지 사랑하는 포스틴에게 잘 보이기 위해서였다. 이것으로 보아 주인공의 텍스트가 일기가 아니라 그가 쓴 허구적 소설일 가능성도 다분하다는 것을 짐작할 수 있다.

편집자의 목소리는 비록 산발적이지만 이 소설의 구조에서 매우 중요한 역할을 한다. 대부분 그는 주인공의 기록을 적개심을 가지고 반박한다. 종종 그는 편집자의 역할을 뛰어넘어, 자기의 지식을 보여 주거나 사건들에 대해 자신의 해석을 덧붙이기까지 한다. 마지막으로 모렐의 글은 주인공에 의해 역겹고 무질서하다는 평가를 받는다. 도망자는 모렐을 살인자 혹은 미친 사람으로 보지만 이런 부정적 평가는 아마도 질투에 바탕을 두고 있기 때문인지도 모른다. 포스틴을 소유하고 싶어 하는 주인공에게 모렐은 경쟁자이기 때문이다. 그러므로 각 서술자의 목소리는 다른 사람들의 글을 불신하려고 노력한다. 이 점에서 이 작품은 탐정소설과 흡사하다. 왜냐하면 그것은 약간의 정보를 제공하면서 미스터리를 해석하도록 도움을 주는 열쇠로 작용하기 때문이다.

이 소설의 제목은 다양한 의미를 제공한다. 그것은 아마도 영상을 만들어 내는 기계의 발명을 언급할 수도 있다. 한편 도망자-작가의 글에서 모렐이라는 인물을 발명하는 것일 수도 있다. 혹은 모렐의 기계에 의한 환영적 현실의 창조일 수도 있다. 그리고 섬에서 살고 있는 사람들의 영원히 반복될 일주일의 삶일 수도 있다. 그러나 무엇보다 이것은 비오이 카사레스의 발명품이다. 이런 점에서 이 소설은 허구 속의 허구라고 말할 수 있다. 즉 화자와 작중 인물의 계산된 상호작용이며, 시간의 반복을 떠올리게 만드는 언어의 반복인 것이다.

소설의 주인공은 현실 속의 인물이다. 반면에 포스틴은 비현실의 인물이다. 그들은 모렐이 발명한 기계 덕택에 만날 수 있다. 이렇게 사실주의와 환상과 과학소설은 이 소설 속에서 서로 연결되면서 힘든 균형을 이루는 데 성공한다. 여기서 그는 사랑과 의사소통 혹은 고독의 문제를 버리지 않는다. 또한 이 작품이 출현한 시기는 라틴아메리카 문학에서 매우 의미 깊은 시기다. 왜냐하면 라틴아메리카의 전통 소설, 즉 사실주의 소설에 반기를 들고 새로운 소설을 추구하던 분기점인 1940년이기 때문이다. 이런 점에서 이 작품은 한 시기를 닫는 작품이 아니라 이후에 전개될 새로운 시기를 여는 작품이라고 평가될 수 있다.

2. '붐 소설'의 형식을 혁신한 작가들

1) 훌리오 코르타사르의《돌차기 놀이》

아르헨티나 작가 훌리오 코르타사르의《돌차기 놀이》는 논리적·이성적 문체에서 소설을 해방시키면서, 라틴아메리카 작가들의 문학 언어를 변화시킨 작품이다. 이 소설은 모두 155장으로 구성되어 있으며, 독자는 여러 방식으로 이 소설을 읽을 수 있다. 첫 페이지부터 끝까지 전통적인 방식으로 읽을 수도 있고 작가가 텍스트와 '돌차기 놀이'를 하듯이 조직해 놓은 사용법을 따를 수도 있다. 또한 독자가 스스로 만든 독자적인 독서 체계에 따라 읽을 수도 있다. 코르타사르가《돌차기 놀이》에서 무한한 가능성을 제공해 주기 때문이다.

코르타사르는 작품의 주요 인물을 '능동적 독자'라고 부른다. 그것은 그/그녀가 독서 과정을 통해 소설의 창작에 참여하기 때문이다. 오라시오 올리베이라와 그의 탐구를 중심으로 맴도는 이 작품의 이야기는 소설과 소설의 글쓰기 기술에 관한 평가에 치중하는 '없어도 좋은 장'이라고 불리는 것들이 산재되어 있다. 하지만 이런 것들은 모렐리의 생각의 기준이 된다. 그는 올리베이라를 자신의 원고, 즉 파편을 수집하는 관리인으로 선정한다.

이 작품의 부단한 주제인 이원성은 행위가 일어나는 두 개의 무대에서부터 분명하게 드러난다. 이 소설은 크게 두 부분으로 나뉜다. 첫 번째 무대는 파리이다. 그곳에서 올리베이라는 국외 추방자 그룹의 일원이다. 두 번째 무대는 그가 조국으로 돌아온 이후의 부에노스아이레스이다.

파리에서 올리베이라는 부조리하고 기괴한 경험을 탐닉하면서 '욕망의 키부츠'를 찾는다. 자기이해와 표현을 찾는 그의 여행은 '라 마가'와의 관계로 이끈다. 그녀는 무질서와 원시적 충동의 대표자로 묘사되어 있으며, 올리베이라는 그녀와 함께 감각적인 경험으로 뛰어든다. 올리베이라는 "부조리를 철폐하기 위해 부조리하게 살고" 싶어 하며, 인간의 감정을 스스로 정화하려고 노력한다. 그는 라 마가를 떠나고, 심지어 보다 파괴적인 행동에 빠져든다. 그는 파리의 부랑자와 밤을 보내고 감옥에 갇힌다. 라 마가는 사라진다. 그녀가 죽는지, 아니면 자살을 하는지, 혹은 도시를 떠나는 것인지는 불분명하다.

두 번째 무대 부에노스아이레스는 올리베이라와 마누엘 트래블러, 그리고 그의 아내 탈리타와의 관계가 주로 서술된다.

한 번도 아르헨티나를 떠난 적이 없는 트래블러와 탈리타는 파리에서의 두 인물과 꼭 빼닮은 역으로 기능한다. 즉 트래블러는 올리베이라와 같으며 탈리타는 라 마가와 흡사하다. 트래블러는 현대 세계에 살고 있는 보통의 현대인을 대표한다. 그런 세계의 가치는 올리베이라가 거부했던 것이다.

결론적으로 세 사람은 정신병원에서 일하고 있으며, 그곳에서 어느 날 밤 올리베이라는 탈리타를 돌차기 놀이를 하는 라 마가로 보고 있다고 믿는다. 돌차기 놀이는 그가 항상 자신의 영적 탐색의 종결을 위한 상징으로서 상상했던 것이었다. 두 사람은 시체보관소로 내려와 키스를 하고 다시 태어난다. 코르타사르는 이 소설에게 세 개의 복잡하고 혼란스러운 결말을 제공함으로써 독자가 올리베이라가 미쳤거나, 자살하거나 아니면 단순히 영화관에 갔다는 것을 자유롭게 선택할 수 있도록 해준다.

2) 후안 룰포의 《페드로 파라모》

1955년에 출판된 멕시코의 작가 후안 룰포의 《페드로 파라모》는 젊은이 후안 프레시아도가 어머니를 잃고 아버지를 찾아가는 것으로 시작한다. 그가 찾는 아버지는 바로 페드로 파라모이다. 그러나 그가 아버지를 찾는 이유는 한 번도 보지 못한 혈육이라서가 아니라 어머니가 죽기 직전에 그들을 버린 아버지에게 정당한 대가를 요구하겠다고 약속했기 때문이다. 을씨년스럽고 황량한 분위기를 풍기는 이 소설은 그의 아버지가 산다고 추정되는 코말라를 중심으로 전개된다.

후안 프레사아도의 어머니는 죽기 전에, 아들에게 코말라로 가서 아버지를 찾을 것을 부탁하면서 그의 아버지가 그를 만나면 좋아할 것이라고 말했다. 어머니는 아버지를 존경하지 않았지만 후안 프레시아도는 돌아가신 어머니와의 약속을 지키기 위해 코말라를 향해 길을 떠난다. 후안은 아버지의 고향에 거의 도착해서도 자기가 제대로 가고 있는 것인지 불안해 하면서 길을 따라 오던 사람에게 방향을 물어본다. 그 사람은 마을이 있는 곳을 가리키면서, 왜 젊은 사람이 그토록 황량한 곳으로 가려 하느냐고 묻는다. 후안은 아버지 페드로 파라모를 찾고 있으며, 아마도 그곳에 살고 있을 거라고 믿는다고 말한다. 그 사람은 놀란 표정으로 쳐다보면서 페드로 파라모는 자기의 아버지이기도 하다고 고백한다. 하지만 이것은 단지 후안이 코말라

순례에서 맞닥뜨리게 될 기이한 일의 시작에 불과하다.

코말라에 도착하지만, 그곳이 지옥처럼 황량하고 버려진 마을이며 죽음의 기운으로 가득하다는 사실을 알게 된다. 후안 프레시아도는 여러 인물들을 만나면서 그들이 실제로는 고통받는 영혼임을 천천히 깨닫는다. 마침내 그는 그곳에서 일어나는 일이 어떤 것인지 알게 되면서 절망에 빠져 죽는다. 이 대목에서 독자들은 그때까지 서술된 것이 페드로 파라모의 아들인 미겔 파라모에게 여자들을 데려다 주었던 또 다른 고통받는 영혼인 도로테아와 무덤에서 나눈 이야기라는 것을 알게 된다.

이후 이 작품은 페드로 파라모의 생애 동안 일어났던 일과 그가 코말라에 어떤 결과를 초래했는지를 중심으로 서술된다. 페드로 파라모는 평생을 죽음에 둘러싸여 살아온 족장이었다. 가령 결혼식에서 자기 아버지가 살해당한 일화는 이를 잘 보여 준다. 살인자가 누구인지 밝혀내지 못하자, 페드로 파라모는 결혼식에 참석했던 모든 사람을 죽이기로 마음먹는다. 또한 자신의 권력을 확장하고 마을을 모두 통치하면서 적지 않은 사람들을 죽이고, 그로 인한 고통으로 자신도 파멸의 길을 걷는다.

그는 마을에서 마음대로 권력을 휘두르는 족장이었지만 수사나 산 후안의 사랑만은 얻지 못한다. 그녀를 얻으려는끈질긴 노력은 그녀를 미치게 만들고, 결국 그녀는 아버지와 함께 도망친다. 방방곡곡에 사람을 보낸 끝에 30년 만에 만난 그녀는 자신이 아버지에게서 독립할 수 있도록 아버지를 죽이라고 지시한다. 하지만 그 후 얼마 되지 않아 수사나는 죽고 페드로 파라모의 모든 꿈도 사라지면서 그는 평생을 침울하게 보낸다. 페드로 파라모의 잔인한 행위는 코말라 사람들에게 증오를 심어주고, 그의 사생아인 아분디오는 마침내 그를 죽이고 만다. 아분디오는 이 작품의 처음에 등장해서 후안 프레시아도를 만난 장본인으로 작품의 시작과 끝에 등장하면서 이 소설이 마술적 사실주의 작품의 특징인 순환적 구조를 띠게 만들어 준다.

3. '붐 소설'의 붐을 일으킨 대표 작가들의 작품

1) 가브리엘 가르시아 마르케스의 《백년의 고독》

모두 20장으로 이루어진 《백년의 고독》은 6세대에 걸친 부엔디아 가문과 마콘도라는 허구의 세계에 관한 이야기이다. 이 소설은 마콘도라는 마을의 창건에 관한 소개로 시작한다. 사촌지간이었던 호세 아르카디오와 우르술라는 결혼을 하지만 우르술라는 근친상간으로 돼지꼬리를 가진 아이가 태어날 것을 두려워한 나머지 결혼생활을 거부한다. 그렇게 6개월을 보낸 어느 일요일 프루덴시오 아길라르는 호세 아르카디오가 성불구자일지도 모른다는 사실을 마을 사람들에게 공포한다. 그러자 호세 아르카디오는 프루덴시오 아길라르를 죽이고 우르술라와 사랑을 한다. 이후 죽은 프루덴시오의 망령이 부엔디아 부부에게 계속 나타나고, 결국 그들은 마을을 떠나 마콘도를 세워 다시 시작하기로 결심한다.

처음에 그 마을은 외부 세계와 단절되어 있다. 가끔씩 집시들이 얼음이나 망원경 혹은 돋보기와 같은 발명품을 가지고 찾아올 뿐이다. 부엔디아 가족의 족장인 호세 아르카디오 부엔디아는 충동적이고 호기심이 많다. 그는 지도자이지만 동시에 매우 고독하다. 또한 다른 사람들과 유리되어 자석이나 문명의 경이를 집요하게 탐구한다. 이런 특징들은 그의 후손들에게 유전된다. 첫째 아들 호세 아르카디오는 그의 엄청난 육체적 힘과 충동성을 이어받고 둘째 아들 아우렐리아노는 그의 열정적이고 불가해한 탐구정신을 계승한다.

마을은 점차 순수하고 고독한 상태를 잃어버리면서 종교와 정치라는 결정적 요소를 지닌 외부 세계의 침략을 받는다. 그러자 곧이어 내전이 벌어지고, 평화로웠던 마콘도는 폭력과 죽음을 경험한다. 아우렐리아노는 자유당 반군의 지도자가 되어 아우렐리아노 부엔디아 대령으로 명성을 떨치면서 영웅이 되지만, 고독의 희생자가 되어 현대적 삶이 얼마나 불합리한지를 구체적으로 보여 준다.

한편 아우렐리아노 부엔디아 대령이 마콘도의 책임자로 앉힌 조카 아르카디오는 강압적인 질서에 집착하는 독재자의 면모를 드러낸다. 전제군주처럼 마콘도를 통치하던 그는 결국 사형에 처해진다. 그 후 다른 시장이 임명되면서 마콘도는 평온을 되찾는 듯하지만 이내 또 다른 반란이 일어나 시장은 살해된다. 그 후 평화 조약이 맺어지면서 내전은 끝난다.

이 소설은 백 년의 시간을 아우르는데, 가르시아 마르케스가 묘사하는 대부분의 사건들은 부엔디아 가문에서 커다란 전환점을 이루는 탄생이나 죽음, 혹은 결혼이나 사랑들이다. 부엔디아 가문의 몇몇 남자들은 거칠고 방탕하며 사창가를 전전하면서 불륜의 애인을 갖기도 한다. 반면에 다른 사람들은 조용하고 고독하다. 그들은 방에 처박혀 조그만 황금 물고기를 만들거나 오래된 원고를 열심히 연구한다. 여자들 역시 72명의 기숙학교 친구들을 데려오는 메메처럼 굉장히 사교적이고 개방적인 여자에서, 남편과 함께 신방을 차리자 가랑이에 구멍이 난 특별한 나이트가운을 입는 수줍은 페르난다 델 카르피오에 이르기까지 다양하다.

한편 우르술라 이과란 역시 부엔디아 가문처럼 고집스럽다. 그녀는 성격이 다른 가족 구성원들을 모두 포용하려고 헌신적으로 노력한다. 하지만 부엔디아 가문 역시 마콘도와 함께 근대라는 힘에 파괴된다. 제국주의적 자본주의가 마콘도에 도착하고, 바나나 농장은 노동자들을 착취한다. 결국 바나나 농장 노동자들은 미국인들의 비인간적 대우에 분노하여 파업을 하고, 바나나 농장 지주의 편을 들던 군부는 수천 명의 노동자들을 학살한다. 그들의 시체는 바다에 버려지고, 4년 11개월 2일 동안 쉬지 않고 비가 내리면서 마콘도의 멸망을 재촉한다. 이제 살아남은 부엔디아 가족들은 외부 세계와 고립된 채 근친상간을 범한다.

이 소설은 부엔디아 가문의 마지막 생존자인 아우렐리아노 바빌로니아가 멜키아데스의 양피지 원고를 해독하는 장면으로 끝난다. 거기서 그는 "사건들을 인간의 전통적인 시간 속에 배열해 놓지 않고 백 년 동안에 일어났던 일상사들을 모두 한 순간에 공존하도록 압축시켜" 놓았다는 것을 깨닫는다. 즉 부엔디아 가문의 역사는 예언되어 있었으며, 마콘도와 그곳의 주민은 단지 미리 정해진 주기를 살면서 비극적인 슬픔만을 체현했다는 것을 알게 된다. 그리고 독자들은 멜키아데스의 원고가 바로《백년의 고독》이며, 부엔디아 가문이 이 지상에서 두 번째 기회를 가지지 못하고 사라지는 것은 진정한 사랑을 알지 못하고 고독 속에서 살았기 때문임을 간파하게 된다.

2) 카를로스 푸엔테스의《아르테미오 크루스의 죽음》

노벨문학상이 발표되는 10월마다 십여 년 전부터 유력한 수상자로 국내 신문에 끊임없이 이름이 오르내리는 작가가 있다. 바로 멕시코의 소설가 카를로스 푸엔테스다. 우리에게는 생소한 이름이지만 그는 보르헤스, 가르시아 마르케스와 더불어 라틴아메리카 문학을 국제화시킨 주역이다. 푸엔테스의《아르테미오 크루스의 죽음》은 세계 문학의 중심으로 부상한 라틴아메리카 현대 소설에서 가장 훌륭한 작품으로 평가받는다. 또한 현대의 문학 이론가들은 이 작품을 대표적인 포스트모던 소설이자 탈식민주의 작품이라고 일컫는 데 주저하지 않는다.

1962년에 출간된 이 소설은 일흔한 살의 아르테미오 크루스라는 사람의 생애를 통해 1910년 멕시코 혁명 이후의 근대 역사를 다룬다. 그러나 이 소설이 현대의 고전으로 평가받는 이유는 이런 주제와 더불어 혁신적이고 실험적인 구조를 사용하기 때문이다. 부패한 멕시코의 백만장자 크루스는 생애의 마지막 시간에 자기의 인생을 재생한다. 여기서 푸엔테스는 1인칭, 2인칭, 3인칭을 이용하여 크루스의 생애를 총체적으로 그리면서 동시에 그가 살아 왔던 시대를 보여 준다.

이 작품에서 사용되는 1인칭 '나'는 침대에 누워 죽어가고 있는 늙은 주인공의 상황에 초점을 맞춘다. 그리고 2인칭 '너'는 불확정적인 미래에 관한 크루스의 생각과 그의 무의식을 보여 준다. 한편 객관적인 3인칭 '그'는 크루스의 과거를 서술한다. 이런 세 개의 목소리들은 서로 교차되면서 그것들이 들려주는 사건들 역시 비시간적 순서로 배열된다. 그러다가 마지막 순간에 세 개의 목소리는 하나가 된다.

그래서 언뜻 작품이 뒤죽박죽으로 보이지만 목소리와 사건들은 서로 연결되면서 모순 덩어리인 크루스의 상이한 성격을 현실감 있게 그려낸다. 이것은 한 인간의 삶이나 국가의 정체성이 단순한 것이 아니라 매우 복잡하게 형성된 것임을 의미한다. 이런 방식으로 푸엔테스는 조국 멕시코의 문화와 역사를 단일한 시각이 아닌 다양한 관점에서 탐구한다.

푸엔테스는 이렇게 말한다. "우리의 정치는 파편적이고 우리의 역사는 실패로 점철되어 있다. 하지만 우리의 문화적 전통은 풍요롭다. 나는 우리가 우리의 얼굴, 즉 우리 자신의 과거를 되돌아볼 수 있어야 그런 풍요의 시간이 올 것이라고 생각한다." 그가 말하는 전통이란 아스텍 문화, 스페인 정복자들이 전해 준 기독교 신앙, 멕시코 혁명의 좌절된 희망을 뜻한다. 다시 말하면 자랑스러운 역사뿐만 아니라 수치와 불명예로 점철된 역사도 모두 포함한다.

푸엔테스는《아르테미오 크루스의 죽음》에서 멕시코 혁명과 그 이후의 혁명 사회를 소설 주제로 사용하지만, 그 과거를 통해 상징적으로 현대의 관심사를 말하고 조국의 미래에 대한 자신의 관점을 보여 준다. 그러면서 현대의 이상적인 소설이란 모험 소설의 모순적인 융합과 실험적인 소설 언어로 이루어져야 한다고 주장한다. 실험적 구조, 과거를 통한 현재와 미래의 예언, 다양한 시각의 조화는 《아르테미오 크루스의 죽음》을 40년간 장수하게 만든 원동력이며 멕시코라는 지리적 · 문화적 경계를 뛰어넘어 세계 문학에 커다란 영향을 주었고, 21세기 문학의 지평까지 제공하였던 것이다.

3) 마리오 바르가스 요사의 《세상 종말 전쟁》

마리오 바르가스 요사(페루, 1936-)는 콜롬비아의 작가 가브리엘 가르시아 마르케스와 멕시코의 작가 카를로스 푸엔테스와 더불어 라틴아메리카 현대 소설계를 이끌고 있으며, 거의 해마다 노벨문학상 수상 후보로 오르고 있는 작가이다. 국제적으로 잘 알려진 중요한 작가지만 국내에서는 거의 무명에 가깝다. 예전에 그의 작품 몇 편이 번역되어 출간되었지만, 그 책들은 거의 모두 잊혔고, 이제는 단지 몇몇 문학인들만이 그의 소설 《녹색의 집》이나 몇 년 전에 모 계간지에 번역된 《젊은 소설가에게 보내는 편지》를 떠올릴 뿐이다.

마리오 바르가스 요사는 작가의 소명을 가지고 평생 그 목표에 충실했던 소설가로 유명하다. 그의 회고록인 《물속의 물고기》(1993)에서 고백하듯이, 그의 소명은 바로 아버지의 권위에 대한 반항으로 탄생하고, 이내 자기의 운명이 타자기의 자판에 있다는 것을 깨닫게 된다. 이후《도시와 개들》(1963),《녹색의 집》(1967),《카테드랄 술집에서의 대화》(1969),《세계 종말 전쟁》(1981),《계모를 찬양하며》(1988),《리고베르토 씨의 비망록》(1997),《염소의 축제》(2000),《또 다른 구석의 천국》(2001) 등을 쓰면서 라틴아메리카의 대표 작가로 자리 잡는다. 또한 로물로 가예고스상(1967), 아스투리아스 왕자상(1986), 세르반테스 문학상(1994), 예루살렘상(1995) 등을 수상하면서 그의 이름은 세계적으로 널리 알려진다.

《세상 종말 전쟁》은 바르가스 요사의 대표작 중의 하나이다. 이 작품의 모델은 브라질 현대 문학의 고전이라는 에우클리데스 다 쿠냐의《오지 사람들》이다. 이 오지는 브라질 북동부 지역에 있는 카누도스를 지칭한다. 바르가스 요사가 이런 카누도스 역사를 소설로 만들게 된 것은 우연과 연구라는 두 요소가 합쳐진 결과였다. 우선 우연은 브라질의 어느 영화감독이 그에게 카누도스의 역사를 배경으로 시나리오를 써 달라고 부탁한 것에 기인한다. 그곳의 역사에 관해 아무것도 모르고 있던 바르가스 요사는 《오지 사람들》을 읽은 후, 여러 달 동안 시나리오를 쓰는 데 전념했지만 결국 그것은 영화화되지 못한다.

그러자 소설을 쓰기로 결심한다. 카누도스의 역사에는 19세기부터 라틴아메리카에서 일어나고 있던 광기의 역사가 잘 드러나 있기 때문이었다. 그것은 바로 광신주의와 정치적 맹목이 만든 허구적 믿음으로 인해 극단적인 사상을 지닌 사람들이 화합보다는 서로 싸우고 죽이는 역사였다. 바르가스 요사는 수많은 연구를 통해 4년에 걸쳐 카누도스의 역사를 소설로 쓰게 된다.

《세상 종말 전쟁》은 역사적 관점과 실험적 서술 기법, 그리고 음모가 어우러진 흥미진진한 소설이다. 이 작품은 브라질의 19세기 말경을 시대적 · 공간적 배경으로 삼으면서, 몇몇 광신자들이 정부에 반대하여 일으킨 반란과 그 광신자들을 진압하려는 정부군과의 피비린내 나는 전투를 다루고 있다. 라틴아메리카의 유명 소설들에 등장하는 "믿을 수 없는" 일화들이 대부분 현실인 것과 마찬가지로, 브라질 도시인 카누도스의 이야기도 실제로 19세기 말에 일어났던 사건이다.

카누도스의 역사는 다양한 얼굴과 수많은 모순적 의미를 지니고 있다. 그래서 《세상 종말 전쟁》의 어느 화자는 이렇게 지적한다. "카누도스는 하나의 줄거리로 풀어낼 수 있는 이야기가 아닙니다. 그 속에 무수한 이야기가 있습니다." 바르가스 요사에게 카누도스 역사는 어떻게 현실이 소설로 변하는지를 보여 주고, 역사가 허구와 혼합되며, 역사적 리얼리즘이 어떤 한계를 지니고 있는지를 실증적으로 증명할 수 있는 좋은 예였다. 그래서 남작은 카누도스의 사건들을 회상하면서 "다시 한번 그 비현실적인, 그 꿈만 같은, 그 허무맹랑한 느낌"에 휩싸이게 된다.

이런 역사와 허구의 혼합은 바로 모든 사람의 광기에서 비롯된다. 선지자 안토니오, 갈릴레오 갈과 같은 자유주의자, 카나브라바 남작과 같은 파렴치한 정치인, 모레이라 세사르 대령과 같은 불굴의 전략가, 이들은 모두 카누도스의 광기의 역사에 이바지한다. 하느님과 핍박받는 사람들을 위해 안식처를 세우려는 선지자 안토니오의 고집은 군대가 수호하는 강하고 통일된 브라질이라는 위대한 환상과 마찬가지로 광적인 것이다. 인간에 대한 사랑보다는 뒤틀린 이념의 노예였던 갈릴레오 같은 더러운 계략의 전문가인 카나브라바 남작처럼 타락하고 광적인 사람이다. 이렇게 바르가스 요사는 과거의 사건을 자유롭게 재구성하는 실험적 기법을 통해 현대의 광신주의를 되돌아본다.

특히 오늘날 라틴아메리카의 정치계와 지성계를 지배하고 있는 교조주의를 예리한 시각으로 비판한다.

이 소설의 정치적 의미는 아주 분명하다. 갈릴레오 갈이 회상하듯이, 만일 종교가 흄에게 "병든 사람의 꿈"이었다면, 남작은 "정치란 천한 직업", 즉 도덕과는 완전히 유리된 것이라고 결론짓는다. 모레이라 세사르 대령과 갈릴레오 갈은 철천지원수이지만 자신들의 정신적 도표에 따라 현실을 재단하는 눈먼 욕망에 사로잡혔다는 점에서 공통점을 지닌다. 바르가스 요사는 바로 이런 편협한 욕망과 광기를 서슴지 않고 강한 어조로 비난한다.

최근의 포스트모더니즘이나 탈식민주의 사상은 서로 대립되는 의견이 조화롭게 공존해야 한다고 주장한다. 그러나 우리의 현실 세계는 이런 서양의 주장과는 거리가 있는 것 같다. 오히려 대립과 갈등을 조장하는 것처럼 보인다. 이것은 우리의 사회 역시 일종의 광기에 사로잡혀 있음을 의미한다. 마리오 바르가스 요사의 《세계 종말 전쟁》의 출간이 지금 의미를 갖는 것은, 우리 문학이 풀어 가야 할 역사와 허구의 혼합이라는 문제에 하나의 빛을 제공해 줄 뿐만 아니라 라틴아메리카 광기의 역사를 통해 현재와 과거의 우리를 되돌아보게 만들기 때문이다.

4. '포스트붐 소설'의 작품들

1) 마누엘 푸익의 《거미여인의 키스》

아르헨티나의 작가 마누엘 푸익의 가장 널리 알려진 작품인 《거미여인의 키스》는 1976년에 출판되었다. 푸익의 이 소설은 두 인물에 초점을 맞추어 전개된다. 한 명은 마르크스주의를 신봉하는 혁명가 발렌틴이며, 다른 한 명은 쇼윈도 디스플레이어 동성애자인 몰리나이다. 몰리나는 미성년자 추행 혐의로 구속되었고, 발렌틴은 정치범이다. 무료한 시간을 보내기 위해 몰리나는 발렌틴에게 자기가 좋아하는 영화를 자세히 들려준다.

이 작품에서 영화 제목은 명시적으로 드러나 있지 않지만, 몰리나가 들려주는 첫 번째 영화는 1943년에 개봉된 할리우드의 고전영화인 〈캣 피플〉이다. 이 영화에서 여자 주인공은 사랑하는 남자의 키스를 받으면 공격적인 표범으로 변하는 성질을 지니고 있다. 한편 두 번째 영화는 독일군이 프랑스를 점령하고 있던 시기, 나치와 마키프랑스 유격대원 사이의 스파이 활동과 테러에 휘말린 프랑스 여가수 레니의 사랑 이야기이다.

세 번째 영화인 〈매혹의 오두막〉은 어느 숲속에서 일어난 사랑 이야기를 다루고 있다. 이 영화에서 멋진 젊은이와 아주 추한 하녀로 이루어진 두 주인공은 육체적 사랑을 초월한 이상적 관계를 형성한다. 여기에는 자신의 얼굴과 운명이 뒤바뀌는 여러 인물이 등장한다. 가령 잘생긴 젊은이는 전쟁에서 얻은 상처로 인해 그의 아름다움을 잃어버리면서 추하고 일그러진 상태로 전락하며, 추하고 바보 같은 하녀는 예쁘고 세련된 여인으로 변신하고, 사나운 노처녀는 한때 결혼할 뻔했던 아주 행복하고 아름다운 여자였다.

이후 발렌틴은 교도소 당국의 계획에 의해 독이 든 음식을 먹고 병에 걸린다. 몰리나는 그를 극진히 간호하고, 그렇게 그의 마음을 결정적으로 움직인다. 몰리나가 큰소리로 들려주는 네 번째 영화는 게릴라의 이야기와 상류사회의 분위기를 서로 대조시킨다. 이것은 푸익이 자신의 상상력을 바탕으로 만든 영화이다. 몰리나는 자기가 본 영화처럼 말하면서, 실제로 존재하는 영화처럼 위장한다. 이 영화는 자동차 경주에 전념하고 후에는 자신의 아버지를 구출하기 위해 게릴라가 되는 청년의 이야기를 중심으로 전개된다. 이런 상상적 영화를 통해 발렌틴에게 환상적 효과를 유도한 후, 몰리나는 볼레로라는 대중가요를 통해 그를 결정적으로 유혹한다. 발렌틴은 이 사랑의 노래를 들으면서 자신이 잃어버린 사랑의 순간으로 되돌아간다.

다섯 번째 영화는 〈좀비와 함께〉이다. 제임스 훼일의 이 영화는 "마법사가 시체가 식기 전에 부활시킨 살아 있는 시체"인 좀비에 관한 것이다. 이 영화에서 뉴욕에 사는 한 여인은 애인이 기다리고 있는 카리브해의 한 섬에 결혼하기 위해 도착한다. 그곳에서 그녀는 마법사와 마주친다. 그녀의 애인은 마법사의 북소리를 듣지 않으려고 애를 쓰다가 술로 도피한다. 하지만 그 여인은 남편과 행복한 결혼 생활을 이루기 위해 모든 노력을 기울인다. 즉 마법으로부터 자신의 애인을 해방시키려고 모든 위험을 감수한다. 그런 중에 마법사는 번개에 맞아 죽는다.

몰리나가 들려주는 마지막 영화는 멕시코를 배경으로 전개된다. 베라크루스의 카니발 축제인 가장무도회에서 한 쌍의 남녀가 마지막 곡까지 가면을 쓴 채 춤을 춘 후 자신들의 신분을 밝히지 않은 채 헤어진다. 이후 장면은 갑자기 멕시코시티로 옮겨 간다. 청년은 이상주의적 기질의 기자이고 여자는 관능적인 여배우임이 밝혀진다. 그 청년은 그녀를 모함하는 스캔들

기사가 나게 될 것을 우연히 알고는 그녀의 사생활에 관한 기사를 삭제한다. 동시에 그는 거부의 집에서 살고 있는 그녀를 찾아가 함께 탈출하자고 제의하지만, 그녀는 거부한다. 젊은 기자는 이 여배우를 부르주아 사회에서 구출하려는 투쟁을 계속하지만 그들의 결합은 어려워진다. 그는 이 사랑을 잊기 위해 술을 찾고 이 사실을 알게 된 그녀는 거부의 집에서 나와 청년의 병을 치료하기 위해 매춘을 한다. 청년은 자선 병원에서 죽지만, 영화 속의 여자는 애인이 지어 준 노래를 회상하며 행복하게 끝을 맺는다.

이 작품의 처음 부분에서 발렌틴은 몰리나의 감상적인 이야기에 혐오감을 느끼면서, 정치적 행동을 하지 않고 도피주의적 환상에 젖어 즐거워하는 몰리나를 비난한다. 하지만 결국 발렌틴은 몰리나에게 감정적으로 끌리게 되면서 몰리나의 이야기에 사로잡힌다. 몰리나는 교도소 당국과 발렌틴에게 정보를 빼내 건네주기로 합의한다. 이때부터 독자들은 몰리나의 이중적 행동에 매료된다. 그러나 감금되어 있는 동안 두 사람은 사랑에 빠지고, 결국 연인이 된다. 한편 교도소 당국은 몰리나가 발렌틴의 정보를 제공하지 않자 그를 가석방시키고 감시하면서 발렌틴 일당을 검거할 계획을 세운다. 교도소 당국의 계획대로 몰리나는 가석방되고, 발렌틴의 중요한 메시지를 동료 혁명가들에게 전하면서 발렌틴의 정치적 대의를 돕기로 약속한다.

《거미여인의 키스》는 개인적 감정과 욕망을 정치적 이상주의와 행동주의와 대립시키고 있으며, 그런 대립을 통해 파생되는 문제에 중점을 둔다. 작품 시작 부분에서 발렌틴은 쾌락과 낭만을 무시하는 혁명가이고, 몰리나는 영화가 제공한 도피주의적 환상에 사로잡힌 사람이다. 하지만 그들은 함께 지내면서 서로 상대방처럼 변한다. 발렌틴은 몰리나를 향한 감정적·육체적 욕망에 굴복하고, 몰리나는 발렌틴의 정치적 대의를 위해 희생하기로 한다.

《거미여인의 키스》는 대화 형식으로 진행되고, 중간에 편지나 감시 당국의 보고서와 같은 파편적인 정보가 삽입된다. 또한 동성애에 대한 심리학의 논쟁과 그 내용을 제시하는 긴 각주를 사용하는 등의 실험적 기법도 이용된다. 또한 이 작품은 마누엘 푸익의 특징이라고 일컬어지는 고전 영화의 사용을 통해 그런 도피적 환상의 도구가 작중인물들의 삶에 얼마나 깊은 영향을 끼치는지 잘 보여 준다.

2) 멤포 지아르디넬리의 《뜨거운 달》

멤포 지아르디넬리의 《뜨거운 달》은 파리대학에서 법학을 전공한 라미로 베르나르데스가 고향인 아르헨티나의 차코 지방의 레시스텐시아로 돌아오는 것으로 시작한다. 그는 8년 만에 돌아오지만 자기의 내면에 잠자고 있던 폭력적 본능이 모습을 드러낼 것이며, 그런 이유로 자기가 두려움과 놀라움의 포로가 되어 살게 될 것이라고는 전혀 생각하지 않는다. 귀국 사흘째 되던 날 그는 레시스텐시아 인근의 폰타나에 있는 브라울리오 테넨바움 박사의 집에 저녁 식사를 초대받는다. 그리고 그곳에서 테넨바움 박사의 딸인 아라셀리를 알게 된다. 저녁 식사 내내 그녀는 너무나 매력적인 눈으로 그를 뚫어지게 바라본다.

그런데 라미로는 차가 고장 나는 바람에 하는 수 없이 그날 밤을 테넨바움 박사의 집에서 머물게 된다. 그러나 아라셀리의 우수에 잠긴 것 같으면서도 유혹적인 눈을 잊지 못해 라미로는 분별력을 잃고 그녀를 강간하고 살해한다. 그러나 그것은 그의 생각이었을 뿐, 아라셀리는 죽은 것이 아니었다. 아라셀리가 죽었다고 생각한 그는 테넨바움 박사의 집에서 도망치려다 술에 취해 집밖을 어슬렁거리던 테넨바움 박사와 마주친다. 라미로가 자기 딸의 방에서 나왔다는 사실을 모르고 있던 그는 술집에 가서 술을 마시자고 권한다. 차를 타고 레시스텐시아로 떠나던 중에 라미로는 술 취한 테넨바움 박사와 대화를 나눈다. 그러면서 테넨바움 박사가 아라셀리의 방에서 있었던 일을 알고 있다고 생각한다. 그는 테넨바움 박사를 죽이고 운전석에 앉힌 다음 강으로 차를 떨어뜨린다.

그러나 다음 날 죽은 줄만 알았던 아라셀리가 그의 앞에 나타난다. 이후 라미로는 테넨바움 박사의 살인 용의자로 경찰에 구속된다. 그러나 아라셀리가 알리바이를 조작해 주는 바람에 구사일생으로 살아난다. 아라셀리는 내면에 감추어진 색정을 다시 드러내고, 라미로는 과격하게 그녀와 사랑을 하던 중 다시 아라셀리를 죽이게 된다. 그리고 경찰의 추적을 피해 파라과이의 아순시온으로 도피한다. 하지만 아르헨티나 경찰에 인도되기 위해 파라과이 경찰을 기다리는 동안 전화벨이 울린다. 그를 찾아온 여자는 나이 어린 아라셀리였다.

《뜨거운 달》은 1984년 아르헨티나에서 25주간 계속해서 베스트셀러 목록에 포함되면서 그해 가장 많이 팔린 책 중의 하나가 된다. 그리고 후에는 영화로 제작되기도 했다. 이것은《뜨거운 달》이 독자를 작품 속으로 유혹하는 '스릴러'임을 증명한다. 독자들은 하나같이 32세의 변호사이며, 파리에서 8년간 공부한 후 고향 차코로 돌아온 라미로와 13살의 아름다운 소녀의 거부할 수 없는 매력 사이에서 일어나는 '위험한 정사'에 매료된다. 이런 뜨거운 사흘 밤 동안에 라미로는 일련의 살인을 저지르고, 아르헨티나 사회에 복귀하면서 가졌던 모든 꿈을 파괴하게 된다.

언뜻 보면 이 작품은 통속적이기 그지없는 하드보일드 소설이다. 그러나 멕시코 국가소설상 심사 위원들은 지아르디넬리의 과감한 창조력을 높이 평가했다. 라틴아메리카의 저명한 평론가이자 심사 위원이었던 노에 히트릭은 "소설을 어떻게 써야 하느냐에 관한 것을 극명하게 보여 주고 있으며, 전통적 양식에 도전하는 새로운 문학 실험을 대표하는 작품이다. 이런 이유로 상을 받아 마땅하다"라고 평한다. 추리 소설의 열렬한 독자라면《뜨거운 달》에서 분명히 전통적인 추리 소설적 요소를 많이 발견할 수 있을 것이다. 폭력과 범죄와 수사, 그리고 섹스와 죽음이 절제된 언어와 짧은 구성을 통해 서스펜스를 유지하면서 긴박하게 전개된다.

그러나 이 작품이 하드보일드 소설의 전통적 요소를 그대로 답습했다면 이런 평가를 받지 못했을 것이다. 이 작품에는 독창적이고 새로운 요인이 여러 개 있다. 그중에서도 우리의 관심을 끄는 것은《뜨거운 달》이 하드보일드 소설의 전통적 요소를 지니고 있으면서 동시에 패러디를 통해 하드보일드 소설의 양식을 전복시킨다는 것이다. 또한 이 작품 속에서 우리는 하드보일드 소설이 허물어지고 있는 사회를 표현할 수 있는 문학 장르로 다시 자리매김 될 수 있다는 가능성을 엿볼 수 있으며, 그것을 통해 '포스트붐 소설' 세대들이 왜 이런 장르에 집착하고 있으며, 최근에 많은 문학상을 수상하고 있는지도 알 수 있다.

Ⅲ. '붐 소설' 죽이기

라틴아메리카 젊은 작가들의 새로운 미학

1. '아버지 죽이기'의 전통

몇 년 전 어느 일간 신문의 기자에게 라틴아메리카 현대 소설을 한마디로 어떻게 정의내릴 수 있느냐는 질문을 받은 적이 있다. 당시 나는 '아버지 죽이기'라고 정의를 내렸고 그런 생각은 아직도 변함이 없다. 아버지 죽이기는 20세기 말과 21세기 초의 세계 문학을 이끌고 있는 라틴아메리카 문학이라는 최고의 가족에서 존재하는 현상이다. 그렇다면 '어머니 죽이기'는 존재하지 않을까? 라틴아메리카 문학 가족에서 어머니는 가정의 관리자이고, 글을 쓰는 것이 아니라 글을 보관하면서 가족이라는 커다란 직물을 짠다. 그렇기에 어머니 죽이기는 아버지 죽이기보다 흔하지 않다. 게다가 어머니가 가정에서 부여받은 기능을 어기고 글을 쓰면, 이내 아버지나 아들 혹은 형제들의 반발을 산다. 그렇기에 칠레의 이사벨 아옌데나 디아멜라 엘티트 Diamela Eltit와 같은 훌륭한 여성 작가들이 초기에 혹평을 피할 수 없었던 것이다.

우리가 상징적으로 아버지를 죽일 때에만 정체성을 획득하는 것처럼, 작가들은 무자비하면서도 조심스럽게 자신의 문학적 아버지를 살해할 때에만 문학계에서 자기 위치를 차지한다. 그것은 문학뿐만 아니라 우리 일상 세계의 자연스러운 성장 과정이며 인생의 일부일지도 모른다. 그러니 그것을 비난하거나 찬양할 필요는 없을 것이다. 젊은 시인들에게 살해의 목표가 되었던 멕시코의 거장 옥타비오 파스는 전통과 단절에 관해 말하면서, 그 어떤 작가도 이전의 작가에게 영향을 받지 않을 수는 없지만 그들과의 관계를 청산해야만 자유의 몸이 된다고 단언한다.

현대 라틴아메리카 문학을 살펴보면 아버지 죽이기의 예는 넘쳐흐른다. '붐 소설'의 대표 작가인 마리오 바르가스 요사는

1960년대에 '원시인'과 '근대인'의 개념을 정립하면서 아버지를 죽였다. 여기서 '원시인'이란 혁신적 감성 없이 모방적 사실주의에 집착하던 작가들이었다. 반면에 그런 리얼리즘과 단절을 선언했던 훌리오 코르타사르, 가브리엘 가르시아 마르케스, 카를로스 푸엔테스, 기예르모 카브레라 인판테 등은 근대인이었다. 그러나 그들은 1970년대 이후부터 라틴아메리카뿐만 아니라 세계 문학의 '아버지'이자 정전이며 전통이 된다. 이렇게 그들은 30년 넘게 '아버지'로 군림한다. 그렇다면 이제 젊은 작가들은 어떻게 그들을 죽이려고 음모했는가를 생각해 봐야 할 때다. 즉 젊은 작가들이 전통에 굴복했는가, 아니면 아버지를 폭격의 목표로 삼았는가의 질문을 던져야 할 때다.

여기에서는 라틴아메리카의 젊은 작가들, 특히 1960년 이후에 태어난 작가들이 그들의 아버지를 죽임으로써 어떤 문학세계를 추구하고 형성했는지를 알아 보기로 한다. 특히 1990년대 이후 두각을 나타내는 칠레의 '맥콘도McOndo' 그룹과 멕시코의 '크랙Crack' 그룹을 비롯하여 콜롬비아, 아르헨티나, 칠레의 젊은 작가들을 중심으로 살펴보려고 한다. 이들은 선언문을 통해 전 세대와의 단절을 밝히기도 하고, 아니면 작품의 무대를 라틴아메리카가 아닌 유럽으로 선정하면서 그곳의 역사를 다룸으로써 자신들의 아버지를 죽인다. 또한 40년 넘게 게릴라와 전쟁을 벌이고 있고 마약 밀매로 점철된 조국의 도시를 사실적으로 다루면서 이전 세대와의 단절을 꾀하기도 한다. 라틴아메리카의 대표적인 문학 비평가인 레이몬드 윌리엄스 Raymond Williams는 이들의 작품을 '포스트 포스트모던 소설'이라고 부른다.

2. 맥콘도 그룹 —새로운 세대의 미학 탄생

1960년대에 태어나 1990년대 초부터 본격적으로 작품 활동을 시작한 라틴아메리카의 새로운 작가 세대에 관해 말하려면 우선 《맥콘도*McOndo*》가 출판된 1996년부터 시작해야 한다. 칠레의 작가 알베르토 푸겟Alberto Fuguet과 세르히오 고메스Sergio Gómez가 공동 편집하여 열여덟 명의 새로운 작가들의 작품을 수록한 이 선집은 역사적으로 매우 중요하다. 푸겟과 고메스가 '새로운 문학'이라는 특정한 문제에 관해 동일한 사고방식을 지니고 있던 작가들을 소개하고 있을 뿐만 아니라 1980년대와 1990년대 라틴아메리카가 마주친 사회·문화적 전환의 순간을 반영하고 있기 때문이다.

푸겟과 고메스는 "오래되었거나 유행이 지나 잊힌 것이 아니라 기존의 정전과 부합되지 않는다는 이유로 잊힌 목소리들을 소개"하겠다고 약속한다. 그러나 《맥콘도》는 단순히 이런 목소리들을 발굴하는 것에 그치는 것이 아니라, 라틴아메리카에 새로 등장하는 세대의 문학 선언문 역할을 수행한다. 이 작품집의 제목인 '맥콘도'는 맥도날드, 매킨토시, 그리고 콘도미니엄아파트의 혼합어이다. 이 이름에서 알 수 있듯이, 맥콘도는 가르시아 마르케스가 만들어 낸 상상의 마을인 마콘도에 대한 패러디이며, 동시에 라틴아메리카를 온통 파스텔 톤의 테킬라 광고로 만든 사람들에 대한 조롱이다. 이 책은 아이러니컬하게도 산티아고의 맥도널드 파티에서 '프리올레이터'의 음악에 맞추어 푸겟과 고메스가 사인회를 하면서 세상에 소개된다. 이 책에 수록된 작품들은 불경스럽고, 종종 공격적이기도 하다. 또한 섹스와 마약과 팝 음악을 배경으로 현대 도시 생활을 외설적으로 서술하고 있다.

맥콘도 그룹은 "맥콘도는 글자와 종이로 이루어진 MTV"라고 정의한다. 이들은 지난 30년 동안 라틴아메리카 문학의 특징이었던 마술적 사실주의를 공개적으로 배격한다. 그래서 이들의 작품은 별로 마술적이지 않고, 냉소적 리얼리즘으로 가득하다. 맥콘도라는 국가를 소개하는 글에서 이들은 이렇게 말한다. "우리의 맥콘도에서는 마콘도와 마찬가지로 모든 것이 일어날 수 있다. 물론 그것은 우리의 방식으로 전개된다. 사람들이 날아다니는 것은 비행기를 타고 있거나 아니면 마약에 취해 있기 때문이다." 그러면서 1960년대와는 달리 그들이 선택할 수 있는 것은 보다 가볍다는 것을 인정하면서 "오래전에 젊은 작가는 펜을 잡을 것인지 아니면 총을 들 것인지 선택해야 했지만, 지금 가장 고민스러운 것은 윈도95인지 아니면 매킨토시를 선택해서 글을 써야 하는 것인가의 문제다"라고 지적한다.

알베르토 푸겟의 단편 〈하늘보다 더 많은 별들이〉는 이런 면을 잘 보여 준다. 이 작품의 주인공은 칠레 영화를 할리우드에 홍보하기 위해 로스앤젤레스에 도착한 두 젊은 칠레인들이며, 무대는 어느 식당이다. 한 사람은 사진작가이고 다른 한 사람은 영화 제작자이다. 이들은 칠레 영화가 아카데미상을 받지 못했지만 할리우드라는 세계에 매료되어 칠레에서 멀리 떨어져 있다는 사실에 흡족해 하면서, "그곳에 가까이 가면 기운이 빠지고 말아"라고 말한다. 빌린 턱시도를 입고, 그들은 아카데미상을 탔을 경우에 행했을 연설문과 그 상이 가져다 주었을 모든 섹스를 꿈꾼다. 만일 마술적 사실주의 경향을 띤 작품에서라면 아마도 어느 마법사가 나타나 마법의 바람을 불어 그들을 영광의 자리로 데려갔을 것이다. 그러나 라틴아메리카 새로운 문학 세대의 선동자인 푸겟은 그렇게 하지 않는다. 그의 무대는 귀신들이 출몰하는 집이 아니라 24시간 문을 여는 데니스 식당이다. 이들이 얻는 영광은 그들을 스타의 리무진 운전사로 오인하는 틴셀타운의 연예인 팬들과 잠시 시시덕거리는 것뿐이다.

이렇게 미학적 차원에서 맥콘도 그룹은 마술적 사실주의를 죽었다고 선언하면서 그것과 결별한다. 그들에게 마술적 사실주의는 군화를 신은 독재자나, 후안 발데스와 그의 노새를 상징으로 내세우는 콜롬비아 커피처럼 한물 간 것이다. 이들은 인생의 비밀이 갑작스레 나타난 무지갯빛의 나비들 속에서보다는 형편없는 미국 커피에서 더 잘 드러난다고 생각한다. 즉 라틴아메리카의 이국성을 강조한 《백년의 고독》 이후 세상은 많이 바뀌었다고 주장하면서 현대 라틴아메리카에 걸맞은 진정한 새로운 소설을 추구한다.

한편 행동적 차원에서 작가는 대중적인 삶에서 물러나 자기의 '방'에 틀어박혀 글쓰기에만 전념해야 한다는 생각을 배격한다. 푸겟과 고메스는 이런 태도를 1990년대 초에 라틴아메리카 대륙과 전 세계를 휩쓴 신자유주의 물결과 연결짓는다. 즉 쇼핑몰과 케이블TV, 변두리와 대기 오염으로 가득한 라틴아메리카를 목가적인 마콘도와 약간은 심각하면서도 또 약간은 비아냥거리는 어조로 대립시킨다. 이런 이유로 많은 비평가들은 맥콘도 그룹을 라틴아메리카의 X세대로 간주한다. 즉, 라틴아메리카의 중요한 정치적·사회적 이슈를 제대로 전할 능력이 없는 이전 세대들이 추구한 사회변혁이라는 거창하고 유토피아적인 제안을 냉소적으로 조롱하는 사이비 지식인 젊은이들로 여겼던 것이다.

《맥콘도》가 출판된 지 10년이 지난 지금, 이런 초기의 모습은 상당히 변화되었다는 느낌을 준다. 맥콘도 그룹은 성장했고, 그들은 이제 10년 전의 선언을 '젊은 시절의 의미 있는 치기'라고 여긴다. 마술적 사실주의에 대한 그들의 노골적인 반항은 라틴아메리카 문학에는 상이하고 다양한 제안들과 영향들이 공존해야 한다는 쪽으로 선회한다. 그들은 가르시아 마르케스를 존경하고 읽지만, 그를 따르지는 않는다. 오히려 그들은 대중문학과 대중매체의 관계를 통해 우리의 현실을 지각하고 형상화한 마누엘 푸익과 같은 작가에게 많은 관심을 보인다.

그러나 이 그룹들이 초기에 보여 준 미국의 팝문화는 아직도 도시 풍경의 중요한 구성요소를 이루고 있으며, 이것은 푸겟이나 파스 솔단Edmundo Paz Soldán과 같은 맥콘도 작가들의 소설에 변함없이 반영되고 있다. 영화나 텔레비전 쇼 같은 대중문화는 항상 그들의 작품에 나타나고, 새로운 기술이 개인과 사회에 어떤 영향을 끼치고 있는지에 대한 관심도 변하지 않고 주제로 등장한다. 그래서 비디오 내여짐에서 일하는 사람이나 해커들이 주인공으로 등장하는 경우가 많다. 어떤 비평가들은 이것을 맥콘도 그룹의 소외를 보여 주는 신호로 지적한다. 그러면서 그들은 이 그룹이 라틴아메리카 대륙을 미국의 대중문화에 팔았다면서 진정한 라틴아메리카 작가들이 아니라고 비난한다. 그러나 맥콘도 그룹은 라틴아메리카적이 된다는 것이 무엇인지 규정하기가 갈수록 어려워진다는 사실을 간파하면서, 근본주의적 관점에서 행해진 그 어떤 주장도 수용하지 않는다.

그래서 맥콘도 그룹의 작가들은 유연성에 기초한 정체성에 관심을 보인다. 즉 이전의 정치적이고 시민적 의무에 바탕을 둔 정체성에 얽매이지 않는다. 이런 새로운 주체성은 문화적·경제적 세계화와 민족-국가의 경계가 소멸되었다는 현재의 역사적 순간과 밀접한 관련을 맺고 있다. 지엽적 정체성은 오늘날 초국가적 네트워크의 도전을 받을 수밖에 없다. 이런 피할 수 없는 현실을 인식하고서 그들은 조국이나 라틴아메리카라는 지역을 탈피한 문학작품을 많이 생산한다. 페루의 작가 이반 타이스Iván Thays가 〈순수의 시대〉라는 에세이에서 지적하듯이, 이런 현상은 앞서 지적한 정체성이 반드시 '국적 상실'이나 세계주의로 이루어진다는 것을 의미하지는 않는다. 그는 이렇게 말한다. "진정한 문학은 우리 각자의 취향과 우리의 생각에 의해 재구성되는 세계이다." 타이스의 말과 맥콘도 그룹의 수많은 작품은 바로 다른 나라의 전통적 요소들을 자유롭게 동화시키려는 경향을 띠고 있음을 드러내고 있다.

또한 현재 맥콘도 그룹은 상이성과 다양성을 증명이라도 하듯이, 라틴아메리카 사회에 영향을 끼치는 문제들에 참여하려는 새로운 욕망도 보여 준다. 그런 작품들은 대부분 신자유주의 경제정책이나 세계화 경향에 대해 비판적인 어조를 띤다.

오늘날 이데올로기나 사회적 명분에 정치적 공약을 하지 않고 라틴아메리카 대륙을 휩쓸고 있는 사회 경제적 위기에 대한 해답을 파헤치려고 하지 않지만, 이것은 작가가 역사나 정치에 관심이 없다는 것을 의미하지는 않는다. 이것은 맥콘도 그룹의 두 대표 작가가 최근에 발표한 소설에서 잘 나타난다.

미국 영화에 매료된 어느 젊은이에 관한 알베르토 푸겟의 《내 인생의 영화들》은 최근 칠레 역사의 어두운 시기를 다룬다. 바로 피노체트의 독재가 자행되던 1970년대이다. 한편 에드문도 파스 솔단의 《욕망의 물질》은 어느 정치학 교수와 어느 기혼 대학원생과의 관계에 관한 것이다. 이 작품은 1980년대 초 독재 시절에 살해된 볼리비아의 좌익 지도자인 아버지의 살인에 얽힌 수수께끼를 풀기 위한 교수의 노력을 다루고 있다. 한편 이 두 작품은 라틴아메리카 대륙의 새로운 지형도, 즉 오늘날 미국과 라틴아메리카의 관계를 그리고 있기도 하다.

《내 인생의 영화들》과 《욕망의 물질》의 주인공들은 미국으로 이민 온 라틴아메리카 사람들이다. 그들은 얼마 후 조국으로 돌아가지만, 과거로 되돌아갈 수 없다는 것을 깨닫게 된다. 미국은 이미 그들 경험의 일부이기 때문이다. 이 작품들은 미국을 찬양하지도 않고 비난하지도 않는다. 이 작가들은 미국을 거만하고 물질주의에 물든 국가라고 여기던 전 세대의 라틴아메리카 작가들과 지식인들이 신봉한 단순한 관점을 버린다. 이렇게 이 소설들은 오늘날 미국을 인용하지 않고는 라틴아메리카에 관해 말할 수 없으며 그 반대로 라틴의 경험 없이 오늘날 미국을 이해할 수도 없다는 사실을 지적한다. 이것이 바로 맥콘도 그룹의 작가들이 말하는 미국과 라틴아메리카의 오늘날의 관계이다.

3. 맥콘도 그룹의 두 대표 작가 — 푸겟과 파스 솔단

맥콘도 그룹을 이야기할 때 가장 먼저 언급되어야 할 작가는 알베르토 푸겟이다. 그는 마술적 사실주의를 거부한 가장 중요한 라틴아메리카 작가이며, 1999년《타임》과 CNN이 선정한 새로운 천년에 가장 영향력 있는 50인의 라틴아메리카 작가 중의 한 사람으로 꼽혔다. 1964년에 칠레에서 태어난 그는 캘리포니아의 엔시노에서 어린 시절을 보낸 후 열세 살 때 피노체트의 독재 정권 아래서 신음하고 있던 칠레로 가족과 함께 돌아온다. 그때부터 그는 스페인어와 칠레의 속어, 그리고 관습들을 배운다. 칠레 대학에서 신문방송학을 공부한 후 그는 일을 하기 시작한다. 사회면 기자로 시작한 그는 이내 유명한 영화와 음악 비평가로 이름을 떨치게 된다.

그는 호세 도노소와 안토니오 스카르메타의 소설 교실에 등록하여 본격적인 문학 수업을 받게 된다. '붐 소설' 세대의 한 명인 호세 도노소는 푸겟에게 진정한 문학 기법을 배우도록 도와주고 그의 몇몇 소설에 조언을 아끼지 않는다. 푸겟은 1989년에 20세기 말의 칠레 젊은이들의 문제를 다루는 다섯 편의 단편이 수록된《과다복용》이라는 작품집을 출판한다. 그리고 1991년에는 첫 번째 소설《재수 없는 사람들》을 발표한다. 청년 마티아스 비쿠냐의 일주일간의 삶을 다룬 이 작품은 라틴아메리카판《호밀밭의 파수꾼》이란 평을 받는다. 실제로 이 작품의 주인공인 열일곱 살의 마티아스 비쿠냐는 샐린저의 소설을 읽었고, 공개적으로 자기 자신을 홀든 콜필드와 동일시한다. 그는 중산층의 편안한 삶에 싫증을 느끼면서 순수함을 추구하지만, 실제로 그의 삶은 마약과 섹스로 점철되어 있다. 심지어 그는 자기 아버지와 코카인과 창녀를 함께 공유하기도 한다. 이 소설은 1991년 칠레에서 베스트셀러가 된다.

1994년에 그는 아이오와 대학의 작가 프로그램에 참여하기 위해 미국으로 여행한다. 그런데 이미 한 권의 단편집과 한 권의 소설을 출판했던 작가가 왜 글쓰기 수업을 들으러 외국으로 여행했던 것일까? 이 점에 관해 푸겟은 "위대한 사람들과 함께 있는 것, 그리고 미국 전통의 일부가 되는 것이 나를 자극했던 것입니다. 그것은 내 작업실에만 갇혀 있는 것보다 훨씬 더 재미있거든요"라고 말한다. 하지만 마술적 사실주의 작품을 기대하던 미국 교수들은 마치 미국 작가가 쓴 것과 같은 그의 소설을 읽으면서 실망을 감추지 못한다. 이런 생각에 대한 반격은 1996년에 이루어진다. 푸겟은 세르히오 고메스와 함께 라틴아메리카의 새로운 작가 열여덟 명의 작품을 수록한 《맥콘도》를 출판하면서 새로운 세대의 문학은 더 이상 마술적 사실주의를 필요로 하지 않는다고 선언한다. 이후 그는 《제발 뒤로 돌려》(1994), 《빨간 잉크》(2000), 《내 인생의 영화》(2003) 등을 출판한다.

푸겟의 현재 작품 세계를 가장 잘 보여 준다는 《내 인생의 영화》는 서른일곱 살의 칠레인이자 유명한 지진학자인 벨트란 솔레르의 일생을 그가 본 영화의 관점에서 재구성하는 소설이다. 그는 일본의 초청을 받아 도쿄에서 열리는 지진 학회에 특별 강연을 하기 위해 칠레의 산티아고에서 일본으로 가는 비행기를 탄다. 비행기 안에서 그는 옆 좌석에 앉은 아름다운 여인과 대화를 나눈다. 그녀가 좋아하는 영화 목록들을 이야기하자, 그는 아무도 모르는 매력적인 계획에 사로잡히게 된다. 그것은 자기가 보았던 영화를 통해 자기의 삶을 떠올리고 자기의 과거를 정돈하는 것이다.

벨트란 솔레르는 목적지인 도쿄로 가지 않고 중간 기착지인 로스앤젤레스에 남는다. 유년 시절을 보냈던 그곳에서 그는 자기가 보았던 영화 목록을 작성하기 시작하고, 그 영화들은 그의 실존적 소설로 변신한다. 그는 로스앤젤레스의 망명객 신분이지만 미국을 자기 고향처럼 편안하게 느낀다. 한편 칠레에서 그의 신분은 피노체트의 쿠데타 덕택에 은총을 입은 가족의 일원이다. 이 소설의 긴장 관계는 칠레와 로스앤젤레스의 대립을 비롯하여 솔레르 가족의 쿠데타 지지와 주인공 부모의 이혼을 중심으로 전개된다.

솔레르는 지난날의 영화 목록을 통해 자기의 삶과 영화를 연결한다. 〈나폴레옹과 사만다〉의 여배우는 그가 열렬하게 사랑했던 어느 소녀를, 〈왕과 나〉의 율 브리너는 그의 고모와 잠시 결혼생활을 했던 고모부를, 〈대지진〉은 지진 학자인 외할아버지와 지진에 대한 인간의 공포를 떠올리게 한다. 한편 벨트란은 〈더 딥〉의 재클린 비셋의 젖은 티셔츠를 보면서 처음으로 오르가슴을 떠올렸다는 사실과, 어머니와 함께 보았던 〈독신녀 에리카〉가 어머니에게 홀몸으로도 살도록 결심하게 만들었다는 사실을 기억한다. 그리고 〈덤보〉는 어머니를 잃어버릴지도 모른다는 두려움을, 〈올리버〉는 가정을 찾으려는 솔레르의 투쟁을, 〈톰 소여의 모험〉에서의 허크 핀은 가정을 떠나 독립하겠다고 마음먹게 했다는 것을 떠올려 준다. 벨트란의 이런 기억을 통해 갑작스러운 문화 충격과 가정을 버린 아버지와의 관계, 괴로워하는 어머니, 그를 실용적이고 상상적인 영역으로 안내한 과학자 외할아버지가 소개된다.

이런 점에서 《내 인생의 영화》는 '감정교육'에 관한 작품이다. 여기서 《잃어버린 시간을 찾아서》의 마들렌 과자 장면의 회상은 현대의 소비주의 성향으로 대체된다. 즉, DVD를 구입하면서 인생의 역사를 추적할 수 있고, 어디에서 무엇을 사느냐에 따라 누구인가를 알 수 있는 사회에 살고 있음을 이 작품은 보여 준다.

푸겟과 더불어 현재 가장 왕성한 활동을 하고 있는 맥콘도 그룹의 작가로는 에드문도 파스 솔단을 들 수 있다. 1967년에 볼리비아의 코차밤바에 태어난 그는 푸겟과 마찬가지로 "날아다니는 할머니들, 나비 떼, 혹은 가르시아 마르케스부터 이사벨 아엔데에 이르는 라틴아메리카 소설의 벨벳 커튼"을 거부하면서, 라틴아메리카의 도시 풍경 속에서 신기술과 대중문화 매체의 영향을 심도 있게 다루고, 라틴아메리카의 미국화와 세계화를 수용하고 비판한다. 미국에서 교육받은 파스 솔단은 현재 코넬 대학의 교수로 재직 중이다. 그러나 그는 많은 시간을 조국 볼리비아에서 보낸다. 그는 1992년에 소설《종이로 만든 나날들》(1991)로 에리히 구텐타크상을 받았으며, 1998년에는 단편집《도체라와 다른 이야기들》(1998)로 후안 룰포 단편문학상을, 그리고 2년 후인 1999년에는 소설《리오 푸히티보》(1998)로 로물로 가예고스상 최종 후보에 오르기도 하며, 2003년에는 《투링의 환희》(2003)로 볼리비아 국가문학상을 받는다.

파스 솔단의 작품에는 전반적으로 문화 세계주의가 많이 나타난다.《도체라와 다른 이야기들》의 표제작인〈도체라〉에서 그는 크로스워드 퍼즐의 메타포를 사용해 현대의 조건을 지적한다. 그리고 《디지털의 꿈》(2000)은 현학적이고 도시적인 라틴아메리카 사회에 살고 있는 젊은이들의 초상을 그린다. 여기서 주인공인 잡지 편집자는 자기의 실제 현실과 그가 작업하는 사진들이 디지털화되는 가상현실을 구별하려고 애를 쓴다. 또한 《투링의 환희》는 리오 푸히티보의 미국 문화와 포스트모던 세계, 그리고 정보 시대에 흠뻑 젖어 있다. 이 소설에서 투링은 다국적 기업과 싸우는 해커이며 암호 해독자이다.

아마도 파스 솔단의 작품 중 가장 널리 알려진 소설은 《욕망의 물질》(2001)일 것이다. 이 작품은 미국에서 정치학 교수로 강의를 하면서 고향 볼리비아를 잊지 못하는 어느 라틴아메리카 교수를 다룬다. 이 작품은 파스 솔단의 자전적 요소를 매우 많이 지니고 있다. 주인공 페드로 사발라가는, 파스 솔단과 마찬가지로, 버클리 소재 캘리포니아 주립대학에서 박사학위를 받았고, 뉴욕에 있는 코넬 대학에서 강의를 하면서 고향 볼리비아를 그리워한다. 주인공 사발라가는 기혼녀이자 대학원생인 애슐리와의 관계를 피해 고향 리오 푸히티보로 돌아와 크로스워드 퍼즐 작가인 삼촌과 함께 혁명 지도자였던 아버지 페드로 레이식의 살해에 얽힌 비밀을 벗기려고 한다.

그러면서 그는 놀랍게도 모순된 사실을 깨닫는다. 즉 레이식은 영웅일까 아니면 냉혈 살인자일까? 배신자일까 아니면 이상주의자일까? 다빗 아저씨는 레이식의 희생자일까 아니면 살인범일까? 사발라가가 역사란 풀 수 없는 퍼즐임을 깨닫는 이 부분은 그와 애슐리의 사랑에 관한 이야기와 번갈아 가면서 전개된다. 사발라가는 아버지 페드로가 가족보다는 대의명분에 헌신했기에 아버지의 사랑을 받을 수 없었다. 그러나 그는 아버지에 관해 배우기 위해 현대 볼리비아 정치를 공부하면서 명성을 얻는다. 그는 레이식의 어린 시절의 친구이자 이제는 신화화된 마약범, 레이식을 살해한 범인의 아들, 그리고 마침내 다빗 아저씨를 조사한다. 그들은 각각 레이식에 대해 상이한 그림을 그린다. 그러자 결국 페드로는 각자 자신의 신념에 따라 역사를 바라볼 수 있으며, 따라서 역사적 진실은 알기 어렵다고 결론 내린다. 이 소설의 끝 부분에서 독자는 레이식이 정말로 페드로의 아버지인가도 확신할 수 없다.

이렇게 페드로는 아버지의 죽음을 조사하면서 아버지의 세계와 맞닥뜨리게 된다. 그것은 사리사욕이 정치적 이상주의만

큼 원동력으로 작용하는 잔인함과 환멸의 세계이다. 탄압과 시대착오적인 '해방 운동'으로 점철된 국가의 유산은 이제 쇠퇴하고 있고, 그런 미몽에서 깨어난 젊은 세대는 과도한 소비를 일삼는다. 페드로와 볼리비아 애인인 카롤리나는 술집과 클럽을 자주 드나든다. 그곳에서 마약은 넘쳐나고 섹스는 일상화된다. 이런 문화 세계주의와 더불어 파스 솔단은 볼리비아의 정치적·도덕적 타락도 생생하게 그린다. 이것은 특히 애국자이자 독실한 신앙인처럼 행동하는 마약범 비야가 가난한 아이들을 위한 놀이터를 지원하는 장면에서 강력하게 나타난다. 또한 볼리비아의 좌익과 우익으로 편 가르는 음모를 깊이 조사하면서 역사적 진실을 확인하는 것이 불가능하다는 것을 보여 줄 때에도 그의 사회비판적 관점이 드러난다. 퍼즐과 마찬가지로 약간의 정보는 특정한 문제를 명확하게 밝힐 수 있지만, 그것은 현재 존재하는 모든 억측에 의문을 제기할 수도 있음을 이 소설은 잘 보여 주고 있는 것이다.

4. '크랙' 그룹 — 새로운 멕시코 문학을 위하여

라틴아메리카 문학사에서 1996년은 맥콘도 그룹뿐만 아니라 멕시코의 새로운 작가들로 이루어진 '크랙' 그룹이 탄생한 해이기도 하다. 멕시코의 크랙 세대는 1960년 이후에 태어난 여섯 명의 작가들에 의해 시작된다. '크랙Crack'은 속어로 '마약'을 뜻한다. 그러나 그들에게는 문학적 단절을 의미한다. 여기서 알 수 있듯이, 그들은 멕시코 문학의 기초를 이루고 있던 멕시코 혁명이란 소재를 거부하면서 멕시코의 기성 제도권에 도전한다.

그들은 자신들의 이상을 "피냐타(두꺼운 종이로 만든 항아리를 깨는 놀이. 모래주머니를 던져서 공 터뜨리는 우리나라의 놀이와 흡사하다)처럼 마구 흔들기, 멕시코의 기성 문화체제의 의식을 마구 흔들기"라고 표현한다. 크랙 그룹의 출현 이전에 멕시코 기성 문화 체제는 옥타비오 파스나 후안 룰포, 카를로스 푸엔테스와 같은 세계적인 작가들의 그림자만을 쫓고 있었고, 원주민 전통과 미국의 영향 사이에서 몸부림치고 있었다. 크랙 그룹은 오늘날의 멕시코를 분석하려고 하면서 다음과 같은 질문을 던진다. "어떤 멕시코인가? 대기업들이 지배하는 멕시코인가, 치아파스의 멕시코인가? 토르티야의 멕시코인가, 아니면 미국과의 국경선 때문에 한숨짓는 멕시코인가?" 그러면서 크랙 작가들은 "멕시코 문학에서 소외된 미학"을 추구하며 작품을 쓴다.

'크랙' 그룹의 결성은 호르헤 볼피(1968), 이그나시오 파디야(1968), 엘로이 우로스(뉴욕, 1967)에 의해 시작된다. 이들은 어느 문학대회에서 그들의 단편이 1, 2, 3등을 휩쓸면서 고등학교 시절부터 알고 지내던 사이였다. 그리고 몇 년 후 이 트리오와 많은 면에서 일치하던 페드로 앙헬 팔로우(1966)가 가세하고, 이후 리카르도 차베스 카스타네다(1961)와 비센테 에라스티(1967)가 동참한다.

이 크랙 그룹이 공동선언문을 발표하기 이전에 이들은 크랙 세대의 기초를 이루는 상징적 작품집인《악에 관한 세 가지 소묘》를 1994년에 발표한다. 이 작품에는 볼피, 파디야, 그리고 우로스의 작품이 수록되어 있는데, 이것들은 모두 비극적이고 계시록적인 어조, 복잡한 서술 형식이라는 동질적인 면을 띠고 있다. 이 책은 멕시코에서 좋은 반응을 얻고, 바로 그 순간 그룹을 형성하겠다는 생각이 무르익는다. 그러나 이 그룹의 실질적인 구성은 1996년 8월이 되어서야 이루어진다. 그것은 이 그룹에 속한 작가들의 단편소설 다섯 편을 동시에 출간하는 동기로 촉발되고, 그 책에서 그들은 문학 혁신의 선언문을 널리 공포한다.

여기서《악에 관한 세 가지 소묘》의 좋은 반응이 크랙 그룹의 형성에 기인했다는 사실 때문에, 이 그룹이 몇몇 출판업자의 발 빠른 대응과 몇몇 문학 비평가들의 기지에 의해 만들어졌다고 추측할 수도 있다. 즉 호르헤 볼피와 이그나시오 파디야와 같은 새로운 멕시코 작가들의 엄청난 성공을 상업적으로 이용하기 위해 선전용으로 만들어 낸 용어라고 생각할지도 모른다. 그러나 '크랙'은 비평가와 출판사의 공동 발명품이 아니다. 그것은 1990년대 중반 마술적 사실주의라는 이미 낡은 형식을 반복하고 있던 '붐'의 추종자들에 의해 지배되고 있던 멕시코 문학계의 위험한 상황에 대한 반항이었으며, 동시에 당시 문학의 특징을 이루고 있던 경박성과 빈곤화에 대한 도전이었다.

사실 그들은 스스로를 '크랙' 그룹으로 지칭했지만, 그 이름은 홍보 전략의 명칭이 아니라 멕시코 문학계의 방향을 선회시키겠다는 의지의 표현을 담은 전투적인 용어였다. 그것은 라틴아메리카의 위대한 '붐 작가'들과의 급진적 단절도 아니고 20세기의 위대한 유럽 문학과의 단절도 아니었다. 팔로우에 의하면, '크랙'이라고 부른 것은 전통 속의 '틈'을 만들기 위한 것이었지 과거와의 단절이 아니었다. 자신들의 정체성을 갖기 위해서는 상징적으로 아버지를 죽여야 한다는 도식은 이 경우 진정으로 아버지 죽이기가 필요했던 상황에 의해 촉발된 것이었다. 다시 말하면 그들의 범죄는 자기방어용 친족살인이었던 것이다.

이 '크랙' 그룹은 특정 세대나 학파를 이루겠다는 욕심도 없었고 미학적 운동이 되려는 마음도 없었다. 오히려 그들은 우정과 문학과 선택적 유사성으로 뭉친 작가 그룹이었다. 심지어 비슷한 주제를 다루기도 하지만, 각자 모두 자신의 관점과 방식대로 작업한다. 그 증거는 그들이 '크랙 선언문'을 발표하겠다고 결심했을 때, 공동 선언문을 작성하려고 하지 않고 각자가 자신의 생각과 제안을 별개로 작성하여 다양하고 다원적인 텍스트를 구성했다는 점에서 찾아볼 수 있다. 그것들은 서로 밀접하게 관련되어 있지만 동시에 모두 개별적으로 읽힐 수 있다.

이 선언문들을 읽어 보면 모두 멕시코 중심의 주제나 라틴아메리카에 한정된 지역적 주제와 단절하고 있음을 알 수 있다. 그들은 작가의 임무가 경계를 허물고 참여문학을 거부하는 것이라고 주장한다. 맥콘도 세대와 마찬가지로 그들은 정치성에 관심을 보이지 않고 경멸한다. 그래서 그들의 작품은 정치와 절대적 진리에 대한 풍자로 가득하다. 그러자 그들은 냉담자,

화이트칼라, 스페인어로 프랑스 소설을 쓰며 정체성을 부정하는 사람들이라는 비난을 받는다. 멕시코 비평가들은 "우리는 그들을 멕시코 작가로 여길 수 없다. 그들의 주제는 멕시코와 전혀 관련이 없다. 그들의 작품은 세상 어디에서나 창작될 수 있는 것이다"라고 소리 높여 비판한다.

어쨌든 멕시코 비평계는 모든 수단을 동원하여 이 그룹을 평가절하하려고 애를 쓴다. 결국 기존 문학 권력과 싸우는 데 지친 볼피와 파디야, 우로스는 잠시 멕시코를 떠나는 선택을 한다. 우로스는 미국으로 건너가 여러 대학에서 문학 교수를 역임하면서 여러 편의 에세이집과 시, 그리고 소설을 출판한다. 그리고 다른 두 사람은 스페인의 살라망카로 건너가 박사과정을 이수하면서, 보다 의식적이고 차분한 마음으로 창작활동을 하고자 한다. 그 결과는 호르헤 볼피의 《클링조어를 찾아서》(1999)와 파디야의 《암피트리온》(2000)으로 나타난다. 볼피의 소설은 1999년에 스페인어권의 유명 문학상인 간이도서상을 수상하고 이그나시오 파디야는 《암피트리온》으로 2000년 봄 문학상을 탄다. 이렇게 이 두 작가는 스페인과 유럽에 크랙 그룹의 문학을 알리는 데 지대한 공헌을 할 뿐만 아니라, 독자와 비평가들의 관심을 멕시코 주류 문학에 대항하여 온갖 시련을 겪으며 투쟁한 작가들에게 돌리게 만든다.

하지만 세월이 흐르면서 비평가들과 독자들의 관심만 바뀐 게 아니라, 크랙 그룹 작가들의 작품 세계와 생각도 변화한다. 참여 작가의 모델을 거부하고 자신의 문학 권력을 이용하여 자기 의견을 주장하려는 지식인 모델도 배척하면서, 단지 작품 활동에만 전념하는 미국 작가들의 모델을 따르려고 생각했던 그들의 초기 생각은, 이제 현실이란 문제가 자기들의 문학작품 속에 스며들어 있으며, 라틴아메리카 대륙의 역사가 관통하는 것을 피할 수 없다는 것을 깨닫는다. 이 점에 대해 파디야는 이렇게 말한다. "우리는 어떻게 하루아침에 사회참여로 선회할 수 있느냐고 비아냥거리는 비판을 받았습니다. 하지만 지난날은 다른 주제를 버리지 않은 채 우리 스스로의 생각으로 라틴아메리카의 현실을 겨냥하기 위한 과정이었습니다."

그러나 그들은 '붐 세대'의 독재자와 같은 주제를 노골적으로 다루지는 않는다. 그들은 오히려 자유나 민주주의와 같은 개념들이 어떻게 수사적으로 조작되는지에 관심을 보이면서 정치 참여를 꾀한다. 그것은 모든 진리가 불확실하다는 것으로 형상화된다. 이를 잘 보여 주는 것이 바로 볼피의 대표작《클링조어를 찾아서》와 파디야의 최근작인《대포의 나선》이다. 볼피 작품의 무대는 유럽과 미국이고, 파디야의 소설은 냉전 시대의 공산권에 있는 허구적 마을 말롬브로사라는 항구에서 전개된다. 이렇듯 그들은 라틴아메리카가 아닌 다른 곳을 무대로 삼고 있지만, '불확실성'이란 측면을 통해 체제는 바뀌었지만 경제적·정치적 모델은 전혀 바뀌지 않은 채 항상 전환기에 있는 라틴아메리카를 은유적으로 다루고 있다.

5. 크랙 그룹의 두 대표 작가 볼피와 파디야

크랙 그룹은 여섯 명으로 시작하지만, 그들을 대표하는 작가가 호르헤 볼피와 이그나시오 파디야라는 것은 의심의 여지가 없다. 호르헤 볼피(1968)는 멕시코 국립대학에서 법학과 문학을 수학하고, 살라망카 대학에서 문학 박사를 취득한다. 그의 소설로는《어두운 침묵이지만》(1993),《무덤의 평화》(1995),《우수적인 성격》(1996),《클링조어를 찾아서》(1999),《광기의 끝》(2003) 등이 있다.

호르헤 볼피의 대표작으로 여겨지는《클링조어를 찾아서》

는 주제의 선택에서 탁월하다는 평을 받는다. 바로 그 점이 높이 평가되어 이 소설은 1999년에 유명 문학상인 '간이도서상'을 수상한다. 심사위원으로 참여했던 쿠바의 작가이자 '붐 소설'의 대표 작가인 기예르모 카브레라 인판테는 독일을 무대로 삼은 이 작품을 "스페인어로 씌어진 훌륭한 독일 소설"이라고 평했으며, 스페인 현대 문학의 대표 작가인 루이스 고이티솔로는 과학과 소설의 융합을 꾀한 이 작품을 "스페인어권 문학에서 좀처럼 볼 수 없는 도발적인 작품"이라고 지적했다.

이 소설에는 두 명의 중심인물이 등장한다. 그들은 구스타프 링크스 박사와 프란시스 베이컨 대위다. 그리고 두 개의 커다란 이야기를 중심으로 진행된다. 하나는 그들의 사랑 이야기이고, 다른 하나는 클링조어를 찾는 데 협력하는 이야기이다. 또한 두 개의 무대를 제시한다. 하나는 프린스턴 고등연구소이고, 또 다른 하나는 제2차 세계대전 이후의 괴팅겐이다. 그럼 이야기를 들려주는 사람은 누구일까? 처음에 이 책의 화자는 베이컨 대위인 것처럼 보이지만, 실제로는 링크스 박사로 드러난다. 이런 뜻하지 않은 변화에 독자들은 혼란스러워 한다. 호르헤 볼피는 이런 문제를 지나치지 않고 링크스 박사의 목소리를 통해 이렇게 묻는다. "다른 사람에 관해 생각할 수 없이 세세한 것까지 어떻게 알 수 있을까?" 이런 정당한 질문 앞에서 볼피는 작중인물을 통해 대답한다. "프란시스 베이컨 대위가 우리가 함께 보내던 기나긴 시간 동안 자기의 과거를 이야기했다."

이미 지적했다시피, 20세기 초반의 독일 과학에 대한 면밀한 연구로 출발하는 이 소설의 근간을 이루는 두개의 소재는 사랑과 과학이다. 이것들은 작품 전체를 통해 서로 연결된다. 특히 클링조어를 찾는 이야기와, 베이컨 대위와 이레네의 사랑 이야기가 결부되는 순간에 하나가 됨을 확인할 수다. 가령 사랑과 과학은 결합은 베이컨의 약혼녀인 엘리사베스가 수학자 괴델의 강의실에 들이닥치는 장면을 묘사할 때 이루어진다. 여기서 괴델은 칸토르의 연속체 가설을 설명하면서 "유클리드의 공간에 있는 하나의 직선에 얼마나 많은 점들이 있을까?"라고 묻는다. 그가 강의를 하는 도중에 베이컨의 부정한 행동에 화가 치민 엘리자베스가 나타나 그에게 따귀를 때린다. "모든 학생들은 마치 파리채가 창문 유리에 부딪친 것처럼 들려온 손바닥 소리를 듣자 길게 어이구! 라는 비명을 지른다." 그렇게 그녀의 행동은 학생들의 이목을 끌고 그곳에 있던 과학도들은 깜짝 놀란다. 화자는 이렇게 말한다. "그런 동안 괴델 박사는 수업을 계속 할 수 없다고 말하고서 울기 시작했다." 나중에 우리는 그 이유를 알게 된다. 괴델 역시 사랑으로 고통받은 적이 있었던 것이다. 그는 싸구려 카바레에서 젊은 시절에 알았던 무용수와 결혼했는데, 그의 가족이 그녀를 받아들이지 않았다. 괴델 교수가 지닌 가장 큰 문제는 집합체의 문제도 아니고 수학의 불완전성도 아니라, 창녀인 그의 아내로 인해 갈기갈기 찢겨진 사랑이었던 것이다.

《클링조어를 찾아서》는 숫자와 이름으로 이루어지면서 독자에게 효과적으로 과학의 비밀을 되살리는 느낌을 준다. 이런 틀 속에서 이 소설의 가장 중요한 주제인 '악에 봉사하는 지식인 계급'이 전개된다. 여기에서 악의 화신은 제2차 세계대전 당시 히틀러의 과학 자문위원으로 활동했던 클링조어이다. 그럼 클링조어는 누구일까? 볼피의 소설은 이 질문에 완전한 해답을 제시하지 않는다. 그의 모든 화살은 베르너 하이젠베르크를 겨냥하고 있지만. 하이젠베르크는 무엇보다도 1926년경에 불확정성의 원리를 수립했던 사람으로 알려져 있다. 또한 그는 제2차 세계대전 시 독일의 핵폭탄 계획 책임자였다. 즉 악에게 봉사하는 지식인이었던 것이다.

《클링조어를 찾아서》는 연합군 편에서 일하는 과학자들이 추축국의 과학자들보다 도덕적으로 더 훌륭하다는 가정에 바탕을 두고 있다. 그런데 일본에 투하한 원자폭탄이 미국에 투하되었을지도 모르는 원자폭탄보다 더 나쁘다는 이유는 무엇일까? 히로시마와 나가사키를 폐허로 만든 원자폭탄 제조 뒤에 숨은 브레인인 로버트 오펜하이머와 베르너 하이젠베르크가 구별되는 까닭은 무엇일까? 이 소설에서는 누구를 위해 일하는가에 관한 도덕적 자질로 그들을 구별한다. 오펜하이머는 실질적인 원자폭탄 제작을 위해 일했지만 하이젠베르크는 양자역학의 구성을 위해서만 일했을 뿐이다. 이렇게 선과 악이 다시 도치되고, 이 소설은 우리가 알고 있는 진리에 대해 의문을 던지면서 이 세상이 불확실성으로 가득하다는 것을 보여 준다.

이그나시오 파디야는 이런 불확실성을 개인의 정체성을 통해 살핀다. 《대포의 나선》의 화자의 입으로 그는 "우리가 모든 것을 포기했을 때 남는 유일한 확실성은 남들이 우리에 관해 안다고 말하는 것이다"라고 지적하면서, "당신은 당신이 되고 싶은 사람인가, 아니면 남들이 원하는 대로 된 사람인가?"라고 묻는다. 이렇게 그는 불확실성을 통해 사회참여를 꾀한다.

이그나시오 파디야는 볼피와 마찬가지로 1968년에 태어나 멕시코시티에서 자란다. 에든버러 대학에서 영어학 석사를 마친 후 살라망카 대학에서 세르반테스에 관한 연구로 박사학위를 받는다. 이후 멕시코의 푸에블라 대학에서 문학을 가르치면서 여러 문학잡지에 글을 쓴다. 그는 첫 번째 소설《죽은 사람들의 성당》(1994)으로 후안 룰포 소설상을 받으며, 2000년에는《암피트리온》으로 스페인 봄 문학상을 수상한다. 이그나시오 파디야는 앞서 언급한 두 편의 소설 이외에도《고관대작들이 돌아온다면》(1996)과《대포의 나선》(2003)을 출판한다. 이들은 모두 사물들은 보이는 것처럼 정확하지 않으며, 알려진 현실에 대한 기록은 소설의 기록과 정확하게 일치하지는 않는다는 특징을 지니고 있다. 그래서 그의 작품은 초점이 맞지 않은 사진, 혹은 두세 개의 현실이 중첩된 것 같은 인상을 준다.

그의 대표작이라고 말할 수 있는《대포의 나선》은 옛 소련의 위성국이지만 이름이 밝혀지지 않은 어느 공산권 국가를 배경으로 삼고 있으며, 시대적 배경은 냉전 시기인 1930년대이다. 여기서 주인공은 괴로움에 시달리는 회색인이다. 그의 고통은 역설적이게도 그 어떤 고통의 희생자도 되고 싶어 하지 않는 소망으로 말미암은 것이다. 그는 독재 정권과 그 반대 세력에 관심을 보이지 않고 살아가고자 한다. 그러나 어느 날 밤의 사건으로 인해 정부는 그가 자신들의 충실한 협력자라고 생각하게 된다. 의사는 정부와 관련되지 않도록 애를 쓰지만, 결국 정부가 제공하는 혜택과 비호를 받아들인다. 어느 날 마고아인이라는 경찰이 그에게 독재 정권에 대한 충성을 증명하라고 요구한다. 그러자 마약 중독의 희생자가 된 그는 어떻게 해야 할지를 몰라 거짓말을 만들어 내고, 뜻하지 않게 자신의 삶과 조국의 운명을 바꾸게 된다

좀더 자세히 살펴보면, 이 소설은 과거와 현재라는 두 가지 차원에서 전개된다. 화자는 주인공인 의사이다. 그는 말롬브로사의 감옥 혹은 정신병원 병실에서 현재형으로 말한다. 그곳에서 그는 과거, 그러니까 의대 학생이었던 시절과 소련군에 의해 진압된 초기의 민주 혁명들로 향한다. 그때 그는 어느 여학생을 사랑하고 있었다. 그녀는 그와 동시에 체포되지만 군인에 의해 살해당한다. 혼자만 살아남았다는 심한 콤플렉스 때문에 의사는 죽지 않고 석방된 날부터 이 세상에서 자기 이름을 지우

고 싶어 한다. 그러나 체제는 그걸 허락하지 않는다. 그의 목숨을 지켜 준다는 조건으로 협력을 요구하면서 실은 그를 감시한 것이다.

사실 의사는 정치에 관해서는 아는 것이 하나도 없다. 그는 신중한 사람이지만, 목숨을 걸고 위험천만인 행동을 하기로 결심한다. 즉 경찰이 원하는 정보를 주기로 한다. 그것이 거짓일지라도 진실과 유사하다면 상관없었다. 그렇게 진실도 아니고 거짓말도 아닌 기나긴 이야기가 시작되고, 이것은 옛 체제의 붕괴로 절정에 이른다. 의사는 고백한다. "나 이외의 누군가가 여기에서 거짓말을 하고 있음이 틀림없다. 만일 거짓말이 오래전부터 우리가 살아남는 자연스러운 방법이라면, 아무것도 기억하지 않아야 하고, 그러면 우연이라고 간주될 수 있어. 그런 사건들은 교묘하게 작성된 사슬의 일부이고, 그것은 절대 다른 것과 교환 불가능해."

그는 거짓도 아니고 사실도 아닌 이야기의 실마리를 엘리아 박이라는 청년에게서 발견한다. 그 청년은 핵잠수함 리바이어던 호가 북극에서 실종되었을 때 죽은 어느 선원의 아들이다. 청년은 정부의 공식적인 발표처럼 승무원들이 비극적인 사건의 희생자가 되어 영웅적으로 죽은 것이 아니라 승무원들이 서양으로 도망가지 못하도록 국가가 고의적으로 잠수함을 파괴하여 침몰시킨 것이라고 확신하고 있었다. 의사는 환자 키릴로스 그리브를 진찰하면서 엘리아 박을 살해했다는 고백을 듣는다. 살인은 상부 기관의 명령 없이 단독으로 결정되었다. 그것은 체제에 수많은 문제를 야기할 수 있는 청년을 영원히 입 다물게 하기 위한 것이었다. 그리브는 얼마 후 목숨을 잃고, 이제 엘리아 박이 살해되었다는 것을 아는 사람은 의사뿐이다. 박사를 감시하고 있던 경찰은 그에게 정보를 달라고 압력을 가하고, 그는 어느 술집에서 엘리아 박이 음모를 꾸미는 것을 들었다고 허위로 진술한다.

이것은 정부가 행동하기에 충분한 구실이 된다. 탄압은 저항을 불러일으키고, 저항은 더욱 가혹한 탄압을 야기한다. 그러자 서른 살에 죽은 엘리아 박은 철의 장막 뒤에 숨은 체 게바라가 되어, 어떤 사람에게는 우상이 되고 어떤 사람에게는 증오의 대상이 된다. 또한 체제의 잔인한 테러리즘에 맞서고 미래의 민주 조국을 위해 영웅적인 업적을 행하는 이들의 동력이 되기도 한다. 박사는 단지 엘리아 박을 보았다는 진술만 했을 뿐이고 그 이후에 일어난 일련의 사건들은 국가 체제와 민중에 의한 것이다.

파디야의 이 소설의 훌륭함은 줄거리 그 자체에 있는 것이 아니라 그것을 어떻게 풀어 나가는가에 있다. 작가는 작품의 시작 부분에 핵심적인 요소들을 삽입하고 이후 숨겨진 의미를 파헤쳐 나간다. 그러나 정말로 아름다운 것은 영웅적인 행동을 한 사람들뿐만 아니라 단지 목숨만을 부지하기를 원하는 힘없는 사람들을 문학적으로 형상화했다는 데 있다. 파디야는 현재와 과거를 오가면서 우리 의식의 이야기를 짠다. 그리고 작가는 진실과 욕망, 허구의 차원을 넘어선 인물들, 사악하거나 선한 의도를 지닌 사람들 등을 다루면서 서로 상반된 이들에 대한 열정을 이 작품 속에 표현한다.

6. 콜롬비아의 새로운 작가들—가르시아 마르케스를 넘어

칠레의 맥콘도 그룹과 멕시코의 크랙 그룹과 더불어 최근의 라틴아메리카 문학을 이야기하기 위해서는 콜롬비아의 새로운 작가들을 언급하지 않을 수 없다. 20세기 후반부터 조국 콜롬비아뿐만 아니라 전 라틴아메리카를 비롯하여 유럽과 미국에서 주목받고 있는 작가로는 산티아고 감보아(1965), 마리오 멘도사(1964), 에프라임 메디나(1964), 엔리케 세라노(1960), 호르헤 프랑코(1964) 등이 있다. 이들은 맥콘도 그룹이나 크랙 그룹처럼 문학 선언문을 발표하거나 특정 그룹의 이름으로 뭉치지는 않았지만, 2003년에 《뉴욕 타임스》와 스페인의 유력 일간지 《엘 파이스》에서 특집란을 마련했을 정도로 세계의 이목을 집중시키고 있다.

이 작가들 역시 세계 독자들의 마음을 정복했던 가르시아 마르케스의 마술적 사실주의와는 거리를 두고 있다. 콜롬비아의 새로운 작가들의 작품을 규정해 달라는 아르헨티나 일간 신문의 질문에 마리오 멘도사는 이렇게 대답한다. "다양한 경향과 다양한 주제, 그리고 다양한 관심과 다양한 미학적 경향입니다. 우리의 특징은 가브리엘 가르시아 마르케스라는 위대한 신화 이후의 상황과 관련이 있습니다. 그는 간과할 수 없는 존재입니다. 우리의 작품에는 그의 영향이 직접적으로 나타나지 않기 때문에, 우리는 그의 아들이 아닙니다. 그가 1982년에 노벨문학상을 탔을 때 우리는 이미 우리의 세계관을 가지고 있었습니다. 그건 마콘도나 마술적 사실주의와 전혀 관련이 없습니다. 우리는 대도시, 즉 1980년대와 1990년의 사회를 보여 주는 대도시의 아들입니다. 그래서 우리는 가르시아 마르케스의 손자라고 말할 수 있습니다."

이렇듯 콜롬비아 도시에 존재하는 혼돈과 폭력과 흥분은 그들에게 끊임없이 수액을 제공하는 원천이다. 40년 넘게 게릴라와 전쟁을 하고 있고 마약 밀매로 명성이 높은 콜롬비아의 현실은 그 자체만으로도 풍부한 소재인 것이다. 그런 이유로 맥콘도 그룹과 크랙 그룹이 라틴아메리카의 지역적 한계를 벗어나 세계를 무대로 삼아 작품을 쓰는 것과는 달리 대부분의 콜롬비아 작가들은 콜롬비아의 도시를 무대로 작품을 전개한다.

이런 콜롬비아의 젊은 작가들 중에서도 특히 외국에서 관심을 보인 작가는 호르헤 프랑코와 산티아고 감보아이다. 호르헤 프랑코는 1964년 메데인에서 태어나 하베리아나 대학교에서 문학을 공부한다. 이후 런던국제영화학교에서 영화 제작을 공부한다. 그의 대표작 《로사리오 티헤라스》(1999)는 1980년대와 1990년대에 마약 카르텔의 중심지였던 메데인을 리얼리즘 필체로 적나라하게 다룬다. 이 소설은 로사리오가 총에 맞아 병원에 실려 와 삶과 죽음의 경계에서 몸부림치는 순간, 안토니오가 이야기를 하는 것으로 시작한다. 안토니오는 로사리오를 어떻게 알게 되었으며, 그녀의 삶이 그토록 엉망이 되게 만든 것들이 무엇이며, 자기가 에밀리오 데 페르네이와 로사리오에게 많은 것을 주었던 마약범들에게 어떻게 질투를 느꼈는지 떠올린다.

로사리오는 어렸을 때부터 힘든 삶을 산다. 그녀는 여덟 살 때 어머니와 함께 살던 남자에게 강간을 당하고, 몇 년 후에는 마약 조직에 있던 어느 이웃 남자에 의해 또다시 밤에 강간을 당한다. 시간이 흐르면서 그녀는 가위로 그들을 거세하고, 그로 인해 '티헤라스', 즉 가위라는 별명을 얻게 된다. 이후 그녀는 그 동네를 떠나 오빠와 함께 산다. 그녀의 오빠와 그녀의 첫사랑 에밀리오가 몸 담은 살인 청부 조직은 후에 그녀의 오빠가 지휘하는 메데인 카르텔의 청부 조직으로 발전한다. 그로 인해 그녀가 알게 된 마약 조직의 우두머리들은 아름다운 로사리오를 보자 그녀를 소유하기 위해 자동차와 아파트와 많은 돈을 준다.

로사리오는 메데인의 부잣집 아들들에게 꼬리를 치다가 디스코텍에서 에밀리오를 알게 되고, 이내 두 사람은 부부가 된다. 안토니오 역시 그곳에서 그녀를 알게 되고, 그녀를 사랑하게 된다. 그리고 마침내는 그녀와 함께 있을 수 없다는 사실에 미칠 지경에 이른다. 그는 그녀를 사랑하고 동시에 증오하며, 자기 인생의 최고이자 최악의 선물로 생각한다. 세 사람은 함께 위험천만한 삶을 영위한다. 하지만 로사리오는 그들보다 두 배는 힘들게 산다. 그것은 에밀리오가 그녀의 육체만을 탐닉했고, 안토니오는 그녀의 영혼만을 사랑했기에 그들 두 사람과 멀어지려고 했기 때문이다.

이후 로사리오는 그들과 4개월을 헤어져 있지만, 그들은 그녀를 찾지 않았다. 그리고 다시 로사리오를 만나게 되었을 때 그녀가 마약을 운반하고 있다는 사실을 알게 된다. 화가 치민 에밀리오는 그녀와 헤어지지만 그녀를 잊을 수 없었던 안토니오는 그녀와 함께 나머지 인생을 보내기로 결심한다. 하지만 그는 당국에 체포되고, 두 사람은 다시 3년간 헤어져 있게 된다. 어느 날 로사리오는 새벽에 안토니오에게 보고 싶다면서 전화를 걸고, 그는 로사리오를 만나러 달려간다. 그러나 그가 볼 수 있는 것은 사경을 헤매는 로사리오이다.

《백년의 고독》의 영어 번역자이자 '붐 소설'을 미국에 소개한 사람으로 널리 알려진 그레고리 라바사는 이 작품을 "새로운 콜롬비아 문학의 황금 브로치이며 새로운 세대의 시작을 알리는 작품"이라고 극찬한다. 이 소설은 국민들의 일 년 평균 독서량이 두 권도 안 되는 콜롬비아에서 출간 사흘 만에 동이 나면서 한 해에만 10만 부가 팔리는 기록을 세운다. 이를 통해 프랑코는《백년의 고독》의 판매 신화를 재현하면서, 새로운 세대의 작품 역시 또 다른 '붐'을 일으킬 수 있다는 것을 보여 준다.

이런 새로운 가능성에 일조를 한 또 다른 대표 작가로 산티아고 감보아를 들 수 있다. 1965년 보고타에서 태어난 그는 하베리아나 대학교에서 공부했으며, 1990년에서 1997년까지 파리에 머물며 쿠바 문학으로 박사학위를 받는다. 현재는 로마에 거주하면서 작품 활동을 하고 있다. 그는 지금까지《귀향 페이지》(1995),《잃어버리는 것은 방법의 문제》(1997),《에스테반 청년의 행복한 삶》(2000),《사기꾼들》(2002),《율리시스 신드롬》(2005)을 출판했다. 해외에서의 방랑자임을 증명이라도 하듯이, 그가 콜롬비아에서 썼던 앞의 두 작품은 1980년대의 보고타를 무대로 삼고 있지만,《에스테반 청년의 행복한 삶》에서는 마드리드의 서점과 카페들이 등장하고《사기꾼들》은 베이징을 배경으로 삼고 있으며,《율리시스 신드롬》은 제목이 암시하는 것처럼 이름이 등장하지 않은 어느 나라에서 이민자들이 겪는 애환을 다루고 있다. 이런 점에서 그는 콜롬비아의 도시를 바탕으로 작품을 전개하는 다른 콜롬비아의 새로운 작가들과 차이를 보인다.

산티아고 감보아를 국제적 작가의 반열에 올려놓은 작품은 《사기꾼들》이다. 이 소설에는 세 명의 주요 인물이 등장한다. 먼저 수아레스 살세도는 파리에 거주하면서 프랑스 국영방송에서 일하고 있으며 젊었을 때부터 작가를 꿈꾼 마흔두 살의 콜롬비아 기자이다. 또 다른 인물은 함부르크 대학의 문학부 교수이자 중국 전문가인 질베르 클라우스이다. 그리고 마지막으로 마흔다섯 살의 페루 출신의 넬슨 초우첸 오탈로라가 있다. 그는 중국과 페루 원주민의 혼혈이며, 많은 노력 끝에 오스틴 소재의 텍사스 대학의 교수가 된다. 하지만 그는 문학보다는 명성에 더 관심을 보이는 일종의 사이비 지식인이다.

이들은 현재 자신들의 것이 아닌 것을 원한다는 점에서 사기꾼이다. 이 사기꾼들은 소설의 중심 무대인 베이징으로 여행한다. 각자 다른 이유로 여행을 하지만 삶의 전환을 이루려고 한다는 점에서는 일치한다. 수아레스 살세도는 처음에 중국에서 가톨릭교도들이 어떻게 살고 있는지에 관한 취재를 하기 위해 출장을 떠나는 것으로 소개되지만, 점차 자기 여행의 진정한 동기를 깨닫게 된다. 그에게 출장을 지시한 상관들은 그에게 알려 주지 않은 다른 계획을 가지고 있었던 것이다. 한편 질베르 클라우스는 피에르 로티의 책을 읽은 후 그의 경험을 그대로 반복하라는 마음의 목소리에 따라 여행을 떠난다. 그리고 초우첸 오탈로라는 작가로서의 명성을 얻기 위해 베이징으로 향한다. 그러나 여기에 덧붙일 것은 그가 중국인의 피를 지니고 있다는 사실이다. 즉 그는 자기의 기원을 찾아 떠나는 것이기도 하다.

이들은 자신들이 공유하는 목표가 있다는 사실을 알지 못한다. 그것은 바로 의화단원들이 살해당한 후 비밀리에 숨어 있는 이 비밀 결사단체 교리의 중심 내용의 일부를 담고 있는 원고를 찾는 것이다. 이런 탐색을 통해 이 소설은 종교와 문학과 사랑의 허위성을 고발하면서 동양에 자신들의 종교를 강요했던 서양이나 그것에 대항한 의화단원의 광신주의도 모두 동일한 것임을 지적한다.

7. 아르헨티나와 페루 — 빈곤 속의 풍요

1990년대 이후 라틴아메리카 문학 지형도를 살펴보면 호르헤 루이스 보르헤스, 훌리오 코르타사르, 아돌포 비오이 카사레스 등 '붐' 문학의 핵심을 이루고 있던 아르헨티나의 문학계와 마리오 바르가스 요사로 대표되는 페루의 문학계는 칠레나 멕시코, 콜롬비아에 비해 새로운 작가들이 상대적으로 덜 알려져 있다. 그러나 이것은 국제적으로 인정받은 젊은 작가들의 수가 적다는 것이지 그들의 문학이 죽었다는 것을 의미하는 것은 아니다.

이런 소수의 작가 중에서 눈에 띄는 소설가로 페루의 하이메 바일리(1965-)를 들 수 있다. 그의 첫 번째 소설 《아무에게도 말하지 마》(1994)는 독자뿐만 아니라 비평가들의 호평을 받는다. 이 작품은 기존의 전통을 고수하며 종교를 강조하는 중산층의 분위기 속에서 색다른 성적 취향을 지닌 청년의 정체성이 어떻게 구성되는가를 다룬다. 이후 《밤의 처녀》(1997)로 그는 스페인의 에랄데 문학상을 수상한다. 또한 《그런데 갑자기 천사가》(2005)로 2005년 플라네타 문학상 최종 후보에 오르기도 한다. 그의 또 다른 작품들로는 《나는 엄마를 사랑해》(1999), 《내가 잃어버린 친구들》(2000),《허리케인은 당신의 이름》(2004)이 있다. 바일리의 소설은 현재의 젊은이들이 사용하는 언어를 통해 양성애나 마약, 혹은 가족의 해체와 같은 현대의 문제를 다루고 있다.

한편 아르헨티나를 대표하는 젊은 작가로는 페데리코 안다아시를 들 수 있다. 1963년에 부에노스아이레스에서 태어난 그는 부에노스아이레스 대학에서 심리학을 공부하고 잠시 정신분석학자로 일한다. 그러나 이내 직장을 그만두고 작가의 길을 걷는다. 1996년 〈자비로운 영혼들〉로 제2회 청년예술 비엔날레에서 단편문학상을 받는다. 그리고 그해 말 그의 소설《해부학자》는 플라네타상 최종 후보로 오르고, 동시에 아르헨티나에서 아말리아 라크로세 데 포르타바트 재단의 문학상 수상작으로 결정된다. 그러나 이 문학상의 후원자인 포르타바트는 이 소설의 충격적인 내용에 놀란 나머지 "《해부학자》는 인간 영혼의 가장 고귀한 가치를 찬양하는 데 이바지하지 못한다"라는 성명을 발표하면서 자기는 심사위원들의 결정에 동의하지 못한다고 밝힌다.

이 소설은 1997년에 스페인의 플라네타 출판사에서 출간되고, 이런 소동으로 인해 독자들의 관심을 끌면서 일약 베스트셀러로 부상한다. 현재 이 소설은 30개가 넘는 언어로 번역되어 수백만 부가 팔린 것으로 알려져 있다. 안다아시는《해부학자》에 대해 이렇게 말한다. "나는 내 소설이 포르노인지 아닌지 모릅니다. 내 의도는 눈물이나 웃음 혹은 오르가슴과 같은 신체적 반응을 야기하는 예술작품을 창작하는 것이었습니다. 어쨌든 이 작품이 말하는 것은 섹스가 아닙니다." 이후 그는《자비로운 여인들》(1998),《왕자》(2000),《플랑드르 사람들의 비밀》(2002),《어둠 속의 방랑자》(2004),《이단자들의 도시》(2005)를 발표하면서 아르헨티나의 대표 작가로 자리 잡는다.

안다아시의 대표 작품이라고 볼 수 있는《해부학자》는 1980년대와 1990년대 소설의 경향이었던 고전 역사소설로 회귀하는 전형적인 예이다. 즉 구체적인 역사적 자료를 제시하면서 과거를 재구성하는 작품이다. 하나의 서문과 6부로 이루어진 이 작품의 서술 기법은 혁신적이지도 않으며 그렇게 되려고 시도하지도 않는다. 그러나 한 여자를 지배하기 위한 열쇠로 성을 다루는 주제는 매우 도전적이다. 그것은 기독교 윤리에 종속된 아르헨티나와 같은 사회에서 터부시되는 주제이기 때문이다.

이 소설은 르네상스 시대의 해부학자인 주인공 마테오 콜론과 그의 사랑, 그리고 여성의 클리토리스를 발견하게 만든 상황을 다루고 있다. 마테오 콜론은 베네치아의 창녀인 모나 소피아를 사랑하게 되고, 그녀의 사랑을 얻을 수 있는 일종의 마법의 약을 만들기로 마음먹는다. 해부학자는 여성의 신비스러운 속성에 대해 부단히 연구하고 결국 스페인의 귀족 여인인 이네스 데 토레몰리노스라는 여인의 몸에서 그것을 발견한다. 그것은 마법의 약이 아니라 당시까지만 해도 서양에 알려지지 않았던 '아모르 베네리스', 즉 클리토리스이다. 그는 이것을 널리 알리려고 하지만 무자비한 종교재판과 마주친다. 그러자 그는 목숨을 걸고 자기의 발견을 옹호한다. 이런 과정을 통해 이 소설은 클리토리스가 변덕스러운 여성의 의지를 지배하는 권력의 진정한 도구임을 파헤친다.

8. 라틴아메리카의 새로운 작가들과 우리의 문제

맥콘도 그룹, 크랙 그룹, 콜롬비아의 젊은 작가들에게서 볼 수 있는 것처럼, 지금의 라틴아메리카는 1960년대의 라틴아메리카와는 사뭇 다르다. 그들의 새로운 문학은 바로 그런 현실을 반영하고 있고, 그런 현실에 걸맞은 문학작품을 만들려는 노력의 결과이다. 콜롬비아의 작가 호르헤 프랑코는 이렇게 말한다. "보고타, 멕시코시티, 부에노스아이레스와 같은 우리의 도시는 팽창하고 있고, 우리는 유럽의 도시와 비슷한 상황들과 비슷한 사회문제를 발견합니다. 우리의 글쓰기에 자양분을 제공하는 것이 바로 도시들입니다. 그래서 우리는 도시의 언어를 사용합니다. 그것은 마술적 사실주의와 전혀 관련이 없는 언어입니다."이렇게 대도시를 다룬다는 것은 그들의 작품이 보편성을 띠고 있다는 의미와 관련이 있다. 그래서 《뉴욕 타임스》의 후안 포레로 기자는 콜롬비아 소설에 관해 말하면서 "어떤 소설은 레이먼드 챈들러의 로스앤젤레스를 떠올리게 하는 이야기이며, 몇몇 작품은 폴 오스터의 《뉴욕》의 인물들과 같은 이야기다"라고 지적한다.

이런 젊은 작가들이 21세기에 들면서 유럽과 미국에서 본격적으로 소개되고 있지만, 아직도 유럽과 미국의 많은 비평가와 독자들은 라틴아메리카의 작가들에게 마술적 사실주의라는 이국적 관점을 요구하고 있는 것이 현실이다. 그러나 그들은 이런 요구에 응하지 않는다. 그것을 따른다는 것은 유럽과 미국 문화의 식민주의 관점에 굴복하고 공헌하는 것이기 때문이다.

그렇다면 우리 문학계의 현실은 어떨까? 우리 문학계에서는 이제야 비로소 '마술적 사실주의'에 눈을 돌리고 있고, 그 모델을 따르려는 작가도 상당수 탄생하고 있다. 그러나 여기서 우리는 과연 라틴아메리카의 마술적 사실주의가 지금의 젊은 세대들의 삶의 경험과 일치하는 것인가라는 질문을 던져야 한다. 또한 최근에 한국 문학이 독자들의 외면을 받고 있다는데, 그 원인이 단지 영상과 인터넷과 속도에 밀린 종이책의 운명이라고만 돌릴 수 있을까? 내가 아는 한 우리 문학에는 라틴아메리카 문학에서 꾸준히 존재해 왔던 '아버지 죽이기'의 전통이 강하지 않다. 그리고 1990년 이후 가시화된 한국 문학의 죽음에 맞서 새로운 작가 그룹을 형성하여 새로운 미학을 찾으려는 시도가 과연 몇 번이나 있었을까?

라틴아메리카의 소설이 아직도 끈질긴 생명력을 유지하면서 살아남고 있는 이유는 단지 마술적 사실주의 때문만은 아니다. 그것은 새로운 작가들이 끊임없이 기성 세력에 반항하고 제도권에 안주하기를 거부하기 때문이다. 그러면서 그들은 새로운 독자층을 만들어 나간다. 이런 도전 정신과 자기 주위의 현실을 통찰력 있게 바라볼 수 있는 세계관이 바로 지금의 라틴 아메리카 문학을 만든 원동력인 것이다.

IV. 가르시아 마르케스 이후 콜롬비아 현대 소설의 경향

1.《백년의 고독》 출판 이후

최근 들어 콜롬비아의 작가 가르시아 마르케스가 시작한 '마술적 사실주의' 계열의 소설들이 세계 문학계를 휩쓸고 있다. 가령 이 계열의 주제 사라마구, 귄터 그라스, 토니 모리슨 등은 이미 노벨문학상을 받았다. 그러면서 가르시아 마르케스는 이제 세계 문학의 정점에 있다는 평가를 받는다. 그렇다면 '마술적 사실주의'의 효시이자 백미라고 여겨지는 《백년의 고독》 이후 콜롬비아 현대 소설은 어떤 길을 걷고 있는지 알아보자.

콜롬비아 현대 소설은 1982년에 가르시아 마르케스가 노벨

문학상을 수상한 후부터 세계적인 관심을 끈다. 특히 미국과 유럽 대륙에서 포스트모더니즘 논쟁이 가열되면서 더욱더 세계 문학 비평계의 이목을 집중시킨다. 일반적으로 이런 현상은 두 가지 요인에 기인한다고 본다. 첫째는 1950년대와 1960년대의 실험 기간을 거쳐 1970년대와 1980년대에 성숙된 작가들이 급격하게 출현하였다는 것이다. 다른 요인은 1970년대 전까지만 해도 멕시코, 아르헨티나 및 스페인에 집중되어 있던 출판 산업이 1980년대에 들면서 콜롬비아의 수도인 보고타를 중심으로 활발히 전개되어 콜롬비아 소설을 세계 시장에 널리 보급시켰다는 점이다.

가르시아 마르케스는 이런 출판의 하부구조를 활성화시키는 데 중추적 역할을 수행했을 뿐만 아니라, 그의 작품을 통해 차기 세대 작가들에게 문학 속에 역사, 문화, 정치를 소설화시키는 기법과 더불어 소설 속에서 여러 문학 장르를 흡수하는 등의 새로운 틀을 제공한다. 이런 분기점을 형성하는 소설이 바로 1967년에 출판된《백년의 고독》이다.

1970년대와 1980년대의 콜롬비아 소설뿐만 아니라 라틴아메리카 소설 전반을 연구할 때 쓰이는 일반적인 방법은 《백년의 고독》 출판 이전의 소설과 이후의 소설로 구분하는 것이다. 이런 구분은 이 소설이 콜롬비아의 모든 문화적 전통을 하나의 소설 속에 집약시킴으로써 높은 예술성을 획득했을 뿐만 아니라 출판 2주 만에 10만부 이상을 판매하여 라틴아메리카 출판 사상 전례 없는 기록을 남겼기 때문이다. 즉 많은 비평가들은 이 작품을 '붐 소설'의 절정이라고 여기지만 이 소설은 상대적으로 '붐 소설' 작가들의 작품처럼 구조가 복잡하지 않고, 매우 대중적인 어조와 내용을 담고 있기 때문에, '붐 소설'에서 '포스트붐 소설'로 넘어가는 전환점에 위치하는 핵심 작품이라 할 수 있다.

세계 문학사를 살펴볼 때 이런 대작 출판 이후 차기 세대 작가들에게는 두 가지 현상이 나타난다. 하나는 이런 대작의 범주를 벗어나지 못한 채 문체나 주제의 모방으로 끝나는 수많은 아류 작품들의 출현이고, 또 다른 하나는 대작의 문학성을 계승하여 극복하고 승화시킴으로써 좀더 나은 작품을 쓰려는 후세 작가들의 오이디푸스 현상이다. 이것은 콜롬비아 소설에서도 예외가 되지 않는다. 여기에서는《백년의 고독》이라는 대작 출판 이후 이를 극복·승화하려는 콜롬비아 현대 작가들의 노력과 그들의 문학 성향을 살펴보고, 그들 작품의 특징은 무엇인지를 알아보려고 한다.

2. 1970년대 이후 콜롬비아의 상황과 문학

1970년대와 1980년대를 대표하는 콜롬비아 현대 작가들은 가르시아 마르케스에서 절정을 이루는 라틴아메리카의 '붐 소설' 작가들에게서 파생되었다고 보고 있으나, 그렇다고 해서 이 작가들이 '붐 소설'의 유산을 그대로 물려받았다고 생각하는 것은 큰 오류이다. 현대 콜롬비아 작가들의 문학 성향은 가르시아 마르케스와 문학적 관계를 유지하면서도 동시에 그를 극복하려는 의지를 뚜렷이 밝힌다. 이는 어떤 의미에서는 부모를 죽임으로써만 자신이 살아남을 수 있다는 '오이디푸스' 현상이라고 부를 수 있다. 이런 점에 있어서 가르시아 마르케스의 영향은 러시아 형식주의자인 시클롭스키가 간파한 바와 같이 아버지에서 아들의 직접적 관계로 계승되는 것이 아니라 삼촌에서 조카의 형태로 전수되고 있다고 보아야 한다. 이런 특성은 단지 콜롬비아 현대 작가들에게만 나타나는 것이 아니라, 가르시아 마르케스 자신도 겪었던 현상인데, 그는 미국과 유럽의 모더니즘 작가들—특히 포크너, 울프와 카프카— 의 영향을 수용하면서 이를 자신의 것으로 승화, 발전시킨다.

이런 미학적 의식과 더불어 콜롬비아 현대 작가들은 가르시아 마르케스가 처했던 1960년대의 상황과는 매우 판이한 정치 · 경제 상황에 직면하게 된다. 콜롬비아를 비롯한 라틴아메리카에서 1960년대는 1959년에 일어난 쿠바 혁명의 성공으로 인해 모든 문학인이 문학 형식 면에서의 혁명을 시도하고, 또한 좌익 성향을 띠면서 자본주의의 타락으로 말미암아 잃어버린 낙원을 회복하려는 의지로 점철된 시기였다. 하지만 1970년대에 들어서면서부터 라틴아메리카 문학인들은 좀더 복잡한 정치 · 사회 · 경제 상황과 마주친다. 이는 1960년대 말에 일어난 프랑스 학생운동의 영향을 받아 라틴아메리카의 문화적 가치를 재정립하려는 노력이 지식인들 속에서 일어났기 때문이다.

한편 라틴아메리카 내부 요인들로는 에베르토 파디야 사건과 체 게바라의 죽음이 대표적이다. 콜롬비아의 내적 요인으로는 1957년 보수당과 자유당의 폭력 사태를 종식하기 위해 체결한 국민전선에 의한 부정 선거와 해방신학의 거두인 카밀로 토레스 신부의 죽음으로 인해 급변한 정치적 · 사회적 여건을 들 수 있다. 특히 국민전선의 형성으로 정계 진출이 좌절된 급진 자유당 세력이 게릴라 그룹을 형성하면서 콜롬비아는 또 다른 사회문제에 직면하게 된다. 이런 급격한 정치·사회의 변화로 인해 불합리한 현실에 대응하고 고발하는 소설들이 다시 등장한다. 하지만 이 작품들은 1930년대식의 사회주의 리얼리즘 미학으로 복귀하는 것이 아니라, '붐 소설'이 이루어 놓은 문학 기법을 바탕으로 비역사적 태도를 지양하고 문학작품 내에서 현재의 역사를 회복하려는 의지로 나타난다. 이렇게 현실 문제를 다룬 소설들은 형식에 치중하고 개인의 현실에 관심을 두었던 1950년대와 1960년대의 라틴아메리카 '붐 소설'을 중립화시키면서, 역사를 새로운 관점으로 조망할 수 있게 만드는 또 다른 계기를 마련한다.

3. 1970년대와 1980년대 콜롬비아 소설의 주요 경향

1967년 가르시아 마르케스의 《백년의 고독》 출판 이후 1970년대 이후부터 불기 시작한 콜롬비아 소설의 '붐'을 이루는 작가들은 다음과 같이 구분될 수 있다. 첫째는 가르시아 마르케스와 같은 세대에 속하지만 70년대와 80년대에 들어 더욱 성숙해

지면서 문학적 진가를 인정받고 있는 작가들이다. 여기에는 페드로 고메스 발데라마Pedro Gómez Valderrama, 알바로 무티스Alvaro Mutis, 그리고 1989년 라틴아메리카 최고의 문학상인 '로물로 가예고스 상'을 받은 마누엘 메히아 바예호Manuel Mejía Vallejo 등이 있다.

또 다른 그룹은 1970년대 이후부터 본격적인 문학 활동을 시작한 작가들로 구성되는데 이 중에서도 헤르만 에스피노사Germán Espinosa, 라파엘 움베르토 모레노 두란Rafael Humberto Moreno-Durán, 로드리고 파라 산도발Rodrigo Parra Sandoval, 구스타보 알바레스 가르데아사발Gustavo Alvarez Gardeazábal, 안드레스 카이세도Andrés Caicedo 등이 이 그룹을 대표하는 작가들이다.

이와 같은 세대적 구분 이외에도 콜롬비아 현대 작가들은 다음의 네 가지 특징에 의해 재분류된다. 첫째는 1949년 가이탄Jorge Eliécer Gaitán의 암살을 출발로 본격화된 콜롬비아 보수당과 자유당 사이의 폭력 사태를 다룬 일련의 정치·사회적인 소설을 들 수 있다. 그러나 이들은 리얼리즘 성격의 소설 형식을 통한 고발에 치중하지 않고, 주로 폭력 사태의 원인이나 사건 자체에 집착하지 않으면서 문학적 상상력을 통해 집단적 관점에서 이 사건이 어떤 후유증을 남겼는가를 사회적·심리적인 측면에서 다룬다. 이런 소설들은 가르시아 마르케스의 《불행한 시간》풍에 속한다고 볼 수 있는데, 대표적인 소설로는 보수당 편에서 자유당원의 암살을 일삼는 '콘도르'라는 검은 세력을 다룬 알바레스 가르데아사발의 《콘도르는 매일 죽이지 않는다》와 여류작가인 알바루시아 앙헬Albalucía Angel의 《푸른 레몬에 앉은 얼룩 새》, 알론소 아리스티사발Alonso Aristizabal의 《하나, 하지만 수많은 전쟁》을 들 수 있다. 이런 작품들의 특징은 그들이 당면한 상황에 상상력의 문제를 접목시키면서 사회·정치 소설의 발전적 형태를 취한다는 점이다.

둘째는 과거를 비판적 안목을 통해 재구성하여 라틴아메리카의 개인적 혹은 총제적인 정체성을 발견하고자 하는 노력이다. 이런 소설들은 과거의 역사를 현대적 관점에서 재서술하거나 아니면 자신들의 문화적 토대에 관해 의문을 제시한다. 이런 작품들은 루카치가 제시하는 단선적인 역사관을 따르지 않고 오히려 역사의 다원성을 보여 주고 있다. 그리고 단순한 역사의 재서술이 아니라 역사의 소설화에 더 중점을 두면서 역사를 상상력 차원에서 재구성하는 현대적 성격의 역사소설이다.

이런 부류의 역사소설은 또 다시 두 그룹으로 나뉜다. 우선 비교적 먼 과거를 다루는 소설로, 여기에는 17세기와 18세기에 걸쳐 자유주의 사상의 라틴아메리카 유입 과정을 다룬 헤르만 에스피노사의 《왕관을 짜는 여인》, 라틴아메리카 흑인 노예의 역사를 다룬 마누엘 사파타 올리베야Manuel Zapata Olivella의 《창고, 우리의 영웅》을 대표작으로 꼽을 수 있다. 또 다른 하나는 비교적 가까운 과거를 회상하면서 1970년대 초에 일어났던 콜롬비아의 정치·사회적인 문제를 다루는 소설들인데, 여기에는 모레노 두란의 《여인들의 유희》, 오스카르 코야소스의 《인내의 나날들》, 카를로스 페료소의 《사슬들이 대양까지》 등이 있다. 이 그룹은 특히 1970년대에 들어서면서 창작 활동을 시작한 작가들을 중심으로 이루어져 있다.

셋째는 프루스트와 조이스 등의 모더니즘 작가들에 의해 발전된 현대 소설 기법을 실험하고 흡수·발전시키면서 소설 언어의 혁신을 꾀하는 작품들이다. 이런 소설들은 현대의 복잡한 사회를 보여 주는 복잡한 소설 형식을 통해 현대의 현실을 간접적으로 표현한다. 여기에는 이미 언급된 사파타 올리베야, 에스피노사, 모레노 두란, 알바루시아 앙헬 등의 소설이 속한다.

이외에도 메히아 바예호의 《탱고의 분위기》와 로물로 가예고스 수상작인 《두 야자수의 집》이 있으며, 또한 카이세도의 《음악을 위하여》와 로베르토 부르고스의 《잃어버린 바람의 정원》도 여기에 해당하는 작품들이다.

넷째는 먼 과거를 다루는 소설을 제외한 대부분의 소설들이 도시를 중심으로 전개되고 있다는 것이다. 이 작품들은 현대인이 겪는 사회적 문제들과 그로 인해 생기는 가치혼란 현상, 도시 생활 속의 고독과 기계화로 인한 문화적 공백들을 반영하면서, 현대 도시 세계를 만화경적으로 그린다.

이처럼 1970년대와 1980년대 작가들은 콜롬비아의 문화를 흡수하여 이를 현대화된 문학 기법을 통해 구체화시킴으로써 문학의 예술적·사회적 기능을 부각한다. 이런 방식으로 콜롬비아 현대 소설은 자국의 전통이나 그 자체 내의 특유한 성격을 상실하지 않은 채 '문화 횡단transculturation'을 통해 현대화라는 변혁 과정에 동참하고 있다. 이는 민족주의와 세계주의와의 조화를 의미한다. 또한 그들의 전 세대인 가르시아 마르케스가 이룩한 문화 횡단을 통해 전통적인 지역 문화는 현대화되고 또 세계와 같이 호흡할 수 있게 된다. 그럼 대표적인 네 작품을 통해 위에서 설명된 특성과 경향을 살펴보자.

4. 《왕관을 짜는 여인》과 역사적 상상력

1982년에 발표된 헤르만 에스피노사의 《왕관을 짜는 여인》은 1970년대와 1980년대에 씌어진 작품 중 가장 훌륭한 작품으로 평가되고 있으며, 이 소설가는 가르시아 마르케스 이후 가장 문학적 재능이 뛰어난 작가로 손꼽히고 있다. 헤르만 에스피노사는 이 소설 이외에도 《악마의 연인들》(1971)과 기독교와 라틴아메리카와의 관계를 다룬 《물고기 신호》(1987), 드뷔시를 연상케 하는 《신세계 교향곡》(1990) 등을 발표했다. 그의 대표작인 《왕관을 짜는 여인》은 멕시코의 현대 소설을 대표하는 '물결 Onda' 그룹의 페르난도 델 파소의 《멕시코의 팔리누로》와 함께 출판 직후인 1982년 로물로 가예고스 상 최종 후보에 올랐던 작품으로 출판 당시부터 문학비평가들의 주목을 받은 작품이다.

《왕관을 짜는 여인》에서 에스피노사는 가르시아 마르케스가 《족장의 가을》에서 사용한 긴 독백을 통해 라틴아메리카 대륙뿐만 아니라 유럽 사상의 변천에 있어서 핵심적인 역할을 수

행하는 17세기와 18세기, 특히 계몽주의 사상의 발현 순간을 포착한다. 이 독백은 여주인공인 헤노베바 알코세르가 카르타헤나의 종교재판소에 의해 마녀라는 죄목으로 기소되어 감옥에서 다음 날 집행될 화형을 기다리는 동안 자신의 일생을 회고하는 것으로 이루어져 있다.

이 소설에서 과거는 여주인공의 삶과 그녀가 살아 왔던 시대와 직접적인 관련이 있다. 그러나 작가는 단순한 사실의 나열이 아니라 다양한 의미를 산출해 낼 수 있는 내면독백의 형태로 서술한다. 이런 방식으로 그는 라틴아메리카의 문화적 정체성을 탐구하며, 역사적 사실은 비판적이자 다원적인 관점으로 다루어진다. 헤노베바의 내면독백 속에는 거의 1세기라는 역사적 시간이 포괄되는데—이 소설에서 헤노베바가 감옥에 갇힐 때의 나이는 약 90세로 추정된다—이 시기는 유럽 사상사에서 거의 모든 지식 분야가 계몽주의 사상의 영향을 받으면서 근본적인 변화를 겪는 시기에 해당한다. 또한 라틴아메리카의 역사적 측면에서 보면 1697년 6월 푸앙티 남작이 이끄는 해적이 헤노베바의 고향인 카르타헤나를 습격하는 등 프랑스 해적단이 라틴아메리카에 대한 무력 침입을 감행하기 시작하는 시기이다.

이 해적 침입은 헤노베바의 운명을 결정하는 요소이지만, 작가는 이 사건의 구체적인 역사적 상황을 제시하지 않은 채 상상력을 통해 역사를 변형시키고 있다. 이렇듯 과거 역사에 대한 작가의 주관적 탐구와 개인적인 예술 체험 속에서 역사를 변형하려는 노력은 라틴아메리카의 문화적 정체성의 의식과 연결되면서 더욱 중요한 의미를 갖게 된다. 그리고 이런 역사의 예술적 체험은 과거를 객관적으로 다루는 역사학적 한계를 뛰어넘으면서 역사학의 단일성을 극복하여 소설을 통해 다원화시킨다.

에스피노사는 17세기와 18세기에 라틴아메리카가 자유, 번영과 과학적 지식의 우월성을 강조한 계몽주의 사상가들에게 깊은 영향을 받았다는 전제하에 출발한다. 이런 사상은 카르타헤나 태생인 헤노베바가 그 당시 유럽에서 절정에 달했던 프리메이슨 그룹에 가담한 후 그 사상을 라틴아메리카에 전파하려다 카르타헤나 종교 재판소에 의해 이단으로 몰려 사형을 선고받는 장면에서 엿볼 수 있다. 또한 이것은 가톨릭 교리의 비과학성에 대한 과학적 논리의 우월성을 확신하는 여주인공이 종교에 의해 민중이 우매화되던 시기에 자유를 추구하는 문제적

인물로 해석될 수 있음을 보여 준다.

이 작품에서 역사의 소설화는 등장인물들이 역사 속에 실존했던 인물들과의 관계를 맺으면서 이루어진다. 이 소설에서 가장 부각되는 중심 인물로는 나중에 볼테르란 이름으로 유명해진 프랑수아 마리 아루에François-Marie Arouet와 루이 14세, 프랑스 천문학자인 앙리 드 불랭빌리에Henri de Boulainvilliers, 후에 교황 비오 4세가 되는 조반니 안젤로 브라스키Giovanni Angelo Braschi와 벤저민 프랭클린Benjamin Franklin 등을 들 수 있는데, 이들은 모두 여주인공인 헤노베바와 개인적인 친분 관계를 맺게 된다.

가령 볼테르는 헤노베바의 정부로 등장하고, 루이14세는 파리에서 우연히 그녀를 만나자 손에 다정스럽게 키스하며, 앙리 드 불랭빌리에는 자기 실험실에서 헤노베바에게 행성의 비밀을 가르친다. 이처럼 역사적으로 중요한 인물들과 콜롬비아의 헤노베바라는 가공적인 인물과의 교제를 통해 작가는 유럽 사상의 라틴아메리카 유입이라는 문제에 접근한다. 하지만 이 소설은 실존했던 역사적 인물의 사실성에 근거하고 있는 것이 아니라 예술미학적 의식 위에서 이것들을 단순히 소설 재료로 취할 뿐이다. 즉 이는 유럽 사상이 무비판적으로 라틴아메리카에 수용된 것이 아니라 문화 횡단 현상을 통해 라틴아메리카 문화의 일부를 형성하고 있음을 시사한다.

이와 같은 자유주의 사상에 기초한 이야기는 19세기에 독립한 이후부터 급속도로 발전해 온 라틴아메리카 문화의 복합성을 보여 준다. 그러나 이런 주제뿐만 아니라 이 소설의 형식적 성과도 간과할 수 없다. 《왕관을 짜는 여인》은 주요 문학기법으로써 실험적인 언어를 사용하고, 리얼리즘에서 사용된 시간과 공간 개념을 전면적으로 부정하면서, 헤노베바와 같은 상상적인 인물들의 창조를 통해 소설의 유희적 성격을 부각한다. 이 소설은 모두 19장으로 나뉘어 있지만, 이런 구분은 사건의 연대기적 순서에 입각하여 전개되는 것이 아니라, 각 장마다 서로 얽히고설키는 현대 문학 기법을 통해 시간과 공간의 장벽을 허물고 있다. 따라서 이 소설은 독자가 텍스트에 적극적으로 참여할 때만 의미 생성이 가능하다.

이 소설은 순환적 구조를 띠면서 주로 회상 기법을 통한 내면 독백이 주조를 이루고 있다. 여러 목소리가 등장하고, 역사적 사건과 인물과 그에 관련된 일화들이 나타나며, 천문학과 계몽주의 사상이나 철학, 미술, 문학과 종교적 요소가 서로 어우러져 다양한 해석을 가능케 한다. 이런 문학 기법을 통해 에스피노사는 시공간적 차원에서 두 개의 이미지를 형성한다. 하나는 정말로 도래할지 아무도 모르는 예고된 사형을 감옥에서 기다리면서 헤노베바가 서술하는 긴 하루이고, 또 다른 이미지는 헤노베바의 지나간 일생을 통해 19세기 초에 라틴아메리카 대륙에 성행할 자유주의 사상의 전파 과정이다.

5.《여인들의 유희》와 소설 속의 콜롬비아 정치

1980년대에 헤르만 에스피노사와 함께 가장 활발한 작품 활동을 한 작가로는 라파엘 움베르토 모레노 두란을 들 수 있다. 그는《여성 무도곡*Fémina Suite*》이라는 3부작을 통해 명실 공히 라틴아메리카 소장 작가들 중에서 가장 인정받는 작가 중의 하나임을 보여 준다. 이 3부작은《여인들의 유희》,《디아나의 촉각》,《마돈나와의 변덕스런 피날레》로 이루어져 있는데, 이 작품들의 제목에서 나타나는 것처럼 모레노 두란은 여성들을 문학 소재로 삼는다.

이 중에서 특히 1977년에 출판된 첫 작품인《여인들의 유희》는 1970년대의 콜롬비아 정치사를 여성과 결부시키면서 에리한 시각으로 비판한다. 또한 이런 주제와 더불어 뛰어난 실험적 기법도 돋보이는 작품이다. 이 소설은 1970년대 초 급박했던 콜롬비아의 정치·사회적 현실에 대한 의문을 여성들이 높은 자리에 올라가기 위해 살았던 비밀스러운 삶과 지식인들의 방황을 통해 제기하고 있다.

이 작품의 이야기는 콜롬비아 현대 정치를 이끈 여성들이 어떻게 그 지위까지 올라왔는가를 통해 정치사회의 가면을 벗기고 있다. 여기서 작가는 정치·사회·문화적으로 성공한 여성들은 세 단계를 거친다는 여성관을 전개하는데, 이 세 단계는 동녀, 관녀官女, 여성 지도자로 이루어져 있다. 여기서 동녀는 일반적으로 대학생활의 이상을 품은 의식 있는 젊은 여성들인데, 이들은 사회로 들어오면서 자기의 이상을 버리고 현실에 집착하여 부와 권력을 향해 질주하는 관녀가 되고, 늙어서는 독재자의 또 다른 형태인 여성 지도자로서 군림한다는 것이다.

모레노 두란은 여성들이 자신의 지능과는 전혀 상관없이 자신의 성性을 사용해 부와 권력에 도달한다고 갈파하면서, 이런 여성의 정치적·사회적 현실을 '음부 정치'라는 신조어를 통해 밝힌다. 그는 여성들의 권력과 부가 음부 정치라는 수단을 통한 유혹과 에로스의 교환으로 얻어진다는 사실을 풍자하기 위한 주요 문학 기법으로 아이러니, 블랙유머, 패러디 등을 집중적으로 사용하는데, 이 때문에 이 소설이 출판되었을 당시 여성운동가들로부터 여성 혐오주의자로 낙인 찍히기도 했다.

《여인들의 유희》의 구조는 크게 세 부분으로 나뉜다. 여기서 특히 독자의 관심을 끄는 부분은 첫 번째 부분이다. 여기에서 각 페이지는 한 개인의 일생, 어느 철학 수업시간에 일어난 일, 그리고 연대기적 순서로 배열된 콜롬비아의 정치 상황으로 나뉘어 있다. 이 세 가지 요소는 수직적으로 3등분되어 있는데, 옥타비오 파스가 공간을 이용해 시의 다양한 독서 가능성을 보여 주었던 것처럼, 이 소설도 역시 수직과 수평의 조합으로 읽을 수 있는 가능성을 소설 속에서 창조한다.

또한 이 소설의 기본적인 축을 형성하는 문학 기법으로는 내면독백 형식으로 나타나는 대화 기법과 그로 인해 생겨나는 텍스트 의미의 모호성을 들 수 있다. 얼핏 보면 작중인물들이 술에 취해 횡설수설하는 대화가 유기성 없이 서로 독립되어 있는 것 같다. 이 모든 것이 소외된 채 상아탑 속에서 만족해 하는 소부르주아 지식인의 전형적인 행태에 대한 비판을 중심으로 형성되면서 독자에게 이에 대한 여러 시각의 가능성을 제공한다. 즉 피상적이고 박식의 늪에 빠진 지식인들의 상투적 어구를 통해 인간 존재와 정치·사회적 의식을 소설적 상상력을 통해 구현하고 있다.

이런 소설 구조를 통해《여인들의 유희》는 1970년대 초 대다수의 젊은 콜롬비아 지식인들이 공감했던 급진적인 자유주의 사상과 이로 인해 탄생된 공산당의 문화와 이데올로기를 풍자한다. 물론 이런 풍자는 좁게는 콜롬비아, 넓게는 라틴아메리카에 널리 퍼져 있던 정치와 혁명 투쟁이 하나의 연극에 불과하며, 원대한 이상을 품고 이런 투쟁에 참가했던 청년 지도자들이 시간이 지남에 따라 기성 권력에 집착하고 있음을 비판한다. 그런 이런 현상과 더불어 여성 정치인들도 자신들의 음부를 매개로 정치권력에 도전하는 타락한 현대 정치사회의 문제를 시사한다.

이런 비판은 콜롬비아에서 혁명이라는 대사를 모의하던 게릴라들 중의 하나가 학생운동의 지도자 격이며 이 작품의 여주인공인 콘스탄사와 사랑을 하는 바람에 시장기를 달래려고 데우기 위해 올려놓은 통닭이 타면서 부엌에 감추어 놓았던 탄환과 폭탄이 폭발하여 혁명이 실패로 끝난다는 숨겨진 이야기를 밝히는 과정 속에서 드러난다. 이런 방식으로 작가는 콜롬비아의 역사가 오랜 기간 동안 허영과 위선, 유혹과 속임수에 기초한 파티와 같으며 또한 과거와 미래를 향한 투쟁이 존재하지 않는 무질서와 임기응변으로 점철된 역사라고 지적하고 있다.

《여인들의 유희》에서는 이런 정치·사회적 현상 이외에도 록 음악, 블루스 및 여러 대중문화와 기존의 문학작품을 변형하여 인용하는 등 포스트모더니즘 성향을 강하게 풍기고 있다. 즉 이 소설도 에스피노사의 작품과 마찬가지로 모더니즘 작품이 사용한 고급 문학 기법을 극단적인 형태로 사용하지만, 그 속에 콜롬비아의 정치, 외교, 문화와 소부르주아층에 파고든 대중문화를 흡수하고 변형시킴으로써 모더니즘이 지녔던 역사적 한계성에 도전하려는 강한 의지를 보인다.

6. 《음악을 위하여》—1970년대 콜롬비아 문화의 문제

1977년에 발표된 안드레스 카이세도의 《음악을 위하여》는 아마도 1970년대 콜롬비아가 직면한 문화적 모호성을 가장 잘 표현한 소설일 것이다. 이 소설에서 카이세도는 위기에 처한 문화를 섬세한 문학 기법을 사용하면서 기술하지만, 위기와 모순으로 점철된 애매모호한 문화의 정체성에 대한 구체적인 해결책을 제시하지는 않는다. 하지만 이 소설 속에서 작가는 가르시아 마르케스가 《아무도 대령에게 편지하지 않다》에서 사용한 간결하고 선명한 문체를 통해 1970년대의 문화적 문제들을 밀도 있게 나타내고 있다.

카이세도의 이 소설은 라틴아메리카 현대 소설에서 중요한 위치를 차지하는 '물결' 그룹의 작가들과 같은 맥락에서 이해될 수 있다. 즉, '물결' 그룹을 대표하는 호세 아구스틴과 구스타보 사인스, 페르난도 델 파소 등의 작가들처럼 카이세도의 문학세계도 록음악과 마약 그리고 기타 소비사회의 산물을 주요 소재로 삼으면서 전개된다. 이런 이유로 흔히 이 소설을 '도피주의'로 간주하는 경향이 있는데, 이는 로큰롤, 마약 등의 사회적인 문제에 대해 작가가 명확한 의견을 제시하지 않은 채 단지 소설의 형상화라는 체계 속에 흡수하기 위한 단순한 소설 재료로 삼기 때문이다. 그러나 이런 요소들을 미학적으로 흡수함으로써 이 작품은 1970년대 초의 콜롬비아 젊은 층이 직면한 팝 문화와 이런 팝 문화가 어떻게 예술적으로 승화될 수 있을 것인가라는 가능성을 제시하는 가장 중요한 소설 중의 하나로 손꼽힌다.

《음악을 위하여》는 음악에 사로잡혀 도취한 어느 여주인공을 다루고 있다. 이 작품에서 그녀는 음악 때문에 그리고 음악을 위해 사는 인물로 등장한다. 이 소설은 콜롬비아의 칼리라는 도시의 문화 중심가인 6번가를 배경으로 펼쳐지는 화려한 밤 문화를 주로 다룬다. 이곳은 멕시코시티의 '소나 로사', 파리의 '불르바르 생 미셸', 시카고의 '러시 스트리트'에 해당하는 장소이며 주로 젊은이들이 자신들의 젊음을 만끽하기 위해 찾는 곳이다. 한마디로 이곳은 블루진의 세계이고 록음악이 주류를 이루는 세계이다.

이 작품은 팝문화와 전혀 관계없는 순진한 소녀를 보수적인 공식 문화의 세계에 위치시키면서 시작한다. 그녀는 자신의 전 생애를 지배할 야간 유흥업소나 록음악은 전혀 알지도 못한다. 그녀가 친구들의 소개로 가장 먼저 접하게 되는 팝문화는 1960년대 후반의 록과 1970년대 초를 주도했던 하드록이다. 그 이후 그녀를 비롯한 친구들은 이 외래 음악에 파묻혀 지내며 자신들의 삶을 음악에 동화시킨다. 이런 그들의 취향은 나중에 칼리 지역의 대표 음악인 살사로 바뀌게 된다. 그녀는 바르바로

라는 청년과 사귀게 되는데, 그의 친구들은 칼리에 있는 미국인들을 습격하면서 쾌락을 느끼는 그룹이다. 이렇게 이 여주인공은 친미와 반미라는 두 가지 이념과 행동을 통해 당시 젊은이들의 모순적인 모습을 보여 준다.

화자는 거의 대부분 현재형을 쓰며 서술한다. 비록 모든 사건은 과거에 일어났던 것이지만, 이렇게 화자는 이 사건들에 대한 회상의 형식과는 거의 관계없는 구조를 보여 준다. 이런 현재형 서술 방식은 독자에게 또 다른 해석적 작업을 부여한다. 작품 내에서 가끔 화자는 자신의 상황을 이해시키기 위한 의도로 회상적인 징후를 사용하지만 자신의 행동에 대한 반성적 태도를 취하지는 않는다. 반성적 태도가 결여된 현재형의 사용은 그녀 자신의 상황과 연결되는데, 이는 순간적인 쾌락이나 슬픔, 그리고 음악이나 친구가 없을 때 느끼는 극히 순간적인 고민, 하지만 음악만 있으면 즉시 즐거움으로 되돌아올 수 있는 삶을 비유적으로 표현한다고 말할 수 있다.

이렇게 대중문화의 일회적 특징을 통해 이 작품은 세 가지 문제점을 제시한다. 이는 자기 자신의 정체성의 문제, 문화 종속과 외래문화 앞에서 느끼는 자기 비하 현상으로 구체화된다.

먼저 자신의 정체성 문제는 소설 시작 부분부터 여주인공이 록 음악을 듣고 마르크스의 《자본론》을 읽는 모순적 상황을 통해 암시적으로 드러난다. 이런 두 가지 요소는 1970년대 초 라틴 아메리카 전반을 지배하는 상호 모순적인 요인인데, 이것은 이 소설의 여주인공처럼 감성적이자 반항아적 기질의 사람에게 나타나는 참을 수 없는 현상 유지 상태를 거부하는 강한 몸부림이다. 카이세도는 이런 모순적 현상으로 나타나는 작중인물들의 모호성을 정치적 색채를 전혀 드러내지 않은 채 수용한다. 이것은 결코 한 작가의 힘으로는 해결할 수 없는 문화적 현상이기 때문이다.

문화 종속 현상은 이 작품의 전반에 걸쳐 나타난다. 소설 첫 부분에서 여주인공은 록음악 세계에 동화되기 이전의 자신을 '문화가 결여된 사람'으로 간주한다. 물론 여기에서의 '문화 결여'란 개념은 제도적 문화에 대한 형식적인 교육의 관점에서 나타나는 문화 결핍 현상을 지칭한다. 이것은 고급문화의 양태로 존재하는 지속적이자 정태적인 문화적 유산이 이 여주인공의 세계관 속에 포함되지 않음을 의미한다. 그녀는 이런 고급문화의 공백을 메우기 위한 대안으로 록음악을 배우는데, 그런 그녀의 문화 형성 과정은 주관이 결여된 문화적 '제로'의 상태에서 시작하여 점차로 미국의 팝문화에 종속되는 것으로 구성된다.

또한 이 여주인공은 광적으로 록음악에 심취하는데, 이는 아마도 심리적 종속으로 해석되어질 수 있다. 그녀는 록음악이 없는 순간들을 '절망적인 상태'라고 표현하면서, 이런 외래 음악을 통해 자기 세대들의 정신적 위안을 대변한다. 이렇게《음악을 위하여》는 여주인공의 개인적인 문화 종속이란 면과 동시에 상징적 의미로서의 콜롬비아, 넓게는 라틴아메리카 전반에 걸친 미국 문화에의 종속 현상을 보여 준다.

세 번째로 특기할 만한 요소는 자기비하인데, 이것 역시 소설 전반에 걸쳐 감지된다. 그녀 자신에 대한 이런 부정적 행위는 그녀의 문화 공백 현상과 더불어 그녀가 처한 문화적 상황으로 야기되는 문화 부재 현상과 깊은 관련을 맺는다. 그녀는 자신이 모르는 것을 발견할 때마다 자신의 문화 공백 현상에 대한 콤플렉스를 나타낸다.

이런 젊은이들의 문화적 위기를 적절히 포착하여 심도 있게 다루는《음악을 위하여》는 아주 세련되고 정교한 필체를 통해 의미의 다양성을 창출한다. 그리고 팝문화를 사용해 그것이 지닌 문제점을 제기하면서, 작가는 젊은 세대의 문화적 현상을 표현하려고 노력한다. 콜롬비아 문학사에서 이 작품의 가치는 콜롬비아와 라틴아메리카가 직면한 사회적·문화적 문제들에 대해 의문을 제기하고 외래문화의 파급 현상을 깊이 있게 다루면서 이런 사회적·문화적 상황을 미학적으로 형상화하고 있다는 점이다.

7.《탱고의 분위기》와 탱고의 소설적 형상화

마누엘 메히아 바예호의《탱고의 분위기》는 1973년에 출판되었으나《백년의 고독》을 쓴 가르시아 마르케스의 그늘에 가려 출판 당시는 큰 관심을 끌지 못했다. 그러다 1970년대 후반과 1980년대 초반에 걸쳐 그 가치를 재평가받기 시작한다. 이 소설은 아르헨티나의 탱고 가수인 카를로스 가르델Carlos Gardel의 생애에 바탕을 두고 있는데, 이 소설의 마지막 페이지에는 "1973년 6월 24일 카를로스 가르델 서거 38주년을 추모하기 위해 출판됨"이라고 적혀 있다. 이것은 이 작품이 카를로스 가르델과 불가분의 관계가 있음을 시사한다.

《음악을 위하여》가 젊은 세대들의 록음악에 기초를 두고 있는 것과는 달리, 《탱고의 분위기》는 메데인이라는 콜롬비아 도시의 속담, 격언, 슬랭과 탱고의 가사 등을 통해 지역적 정체성을 회복하려고 노력한다. 그래서 이 소설은 1970년대 소설 중에서 구어체 형식을 사용하는 가장 대표적인 작품으로 꼽힌다. 이는 단순히 지역성에만 머물러 있는 리얼리즘 소설과는 달리, 소설의 작중 인물을 통해 사랑, 고독, 죽음 등의 일상 소재를 극복하게 만드는 활력소 역할을 한다. 즉 이 소설에서는 대중의 심층의식까지 파고든 탱고라는 대중음악을 통해 개인과 집단을 음악과 동일시하려는 소외받은 민중들을 다룬다. 여기서 주변성은 인간 세계에 대한 행동 개념으로 이해될 수 있으며, 음악은 이런 것을 표현하는 매개체로서 작용한다.

《탱고의 분위기》에서 주변성의 문제는 주인공인 하이로의 탱고에 대한 열정을 중심으로 전개된다. 그는 탱고의 신화를 창조한 가르델을 숭배하는 프롤레타리아 계급에 속할 뿐 아니라 이런 전설적인 인물을 본받아 그것을 자기화하려는 사람이다. 하층계급에 속하는 주인공은 폭력, 창녀, 동성애, 도둑, 마약, 싸구려 술집 문화 사이에서 형성된 존재인데, 이런 사회상황이 바로 마약의 본산지이자 콜롬비아 제2의 도시인 메데인에서 전개된다는 것은 하층민의 삶과 하류계급의 문화가 직접적인 관련이 있음을 암시한다.

이 작품의 구조는 크게 두 부분으로 나뉜다. 그러나 작품은 3명의 인물이 번갈아 가며 그들의 일화를 서술하면서 전개된다. 여기서 세 인물의 일화는 1인칭을 사용하면서 자신의 이야기를 서술하는 주인공인 하이로, 하이로가 회상을 통해 서술하는 죽은 친구 에르네스토, 마지막으로 탱고 가수인 가르델의 이야기가 소설 속의 상황과 접목된다. 여기에서 다루는 역사적 시간은 가르델이 죽은 1935년부터 이 소설이 씌어진 1970년대 초까지이다.

이 소설은 탱고처럼 파편적이며, 에피소드식으로 전개된다. 이런 문학 기법은 내적 · 외적 폭력, 정신적 공백, 고독 등을 주요 주제로 사용하는 탱고의 내용과 깊은 관련이 있다. 특히 이 작품은 탱고라는 음악의 사용을 통해 주변 문화를 소설화시키면서 현대 도시사회의 문제점들에 대해 의미 있는 접근을 시도하고 있으며, 동시에 라틴아메리카 문화의 전통적인 남성우월주의에 바탕을 둔 남성의 용기와 가치, 우정, 성적 방종 등에 신랄한 비판을 가하고 있다.

V. 미국에서의 라티노 소설

1. 히스패닉, 라티노, 라티노 문학*

라티노 문학은 라틴아메리카와 미국 문학계에서 가장 빨리 성장하고 있는 영역이다. 미국에서의 히스패닉과 라티노의 경험을 영어로 쓰는 라티노 문학은 특정한 국가적 · 지리적 공간이라는 경계를 넘은 문학적 · 문화적 결과임을 강조한다. 라티노 문학 연구는 라틴아메리카와 미국의 학자들에게 학문 영역의 경계를 확장시켰고, 타자를 연구하게 했으며, 일반적으로 상이한

* 이 글에서는 종종 '라티나'라는 단어가 등장한다. '라티나'라고 쓸 경우는 여성 작가임을 의미한다. '치카나'의 경우도 마찬가지다.

연구 영역이라고 여겨지던 것과의 대화를 가능하게 만들어주었다. 이런 이유로 라틴아메리카 문학 연구자들은 자신들의 연구와 교육 과정에 영어로 쓰인 라티노 작품들을 편입시켰던 것이다. 이와 유사하게 미국 문학 연구자들도 미국 문화의 팽창으로 탄생된 히스패닉과 라티노의 경험에 관해 영어로 쓴 작품을 포함시킨다.

많은 미국인들은 '히스패닉'이나 '라티노'라는 단어를 동의어로 사용한다. 하지만 이 용어들은 히스패닉 후손들의 서로 다른 두 개의 경험을 보여 주는 의미를 지니고 있다. 히스패닉은 스페인어 사용 국가에서 태어나고 자랐으며 교육받았지만, 정치적이거나 경제적인 이유로 조국을 떠나 미국에 사는 사람들이다. 반면에 '라티노'는 미국에서 태어나고 자랐으며 교육받았고, 미국 사회와 문화의 요구를 받는 사람들을 지칭한다. 히스패닉은 스페인어권의 언어와 문화와 밀접한 관계가 있다. 반면에 라티노는 부모의 혈통을 인정하지만 미국 문화를 더 친숙하게 느낀다. 히스패닉 작가들은 스페인어로 글을 쓰는 경향이 있고, 라티노 작가들은 영어로 글을 쓰는 경향이 강하다.

이런 구분은 존재하지만, 현실적으로 이 두 용어는 혼동되어 사용되며, 여기에서도 그렇게 사용할 예정이다. 어쨌든 미국에서의 히스패닉/라티노를 설명한다는 것은 어려움으로 가득하다. 앞서 언급한 정의 이외에도 '히스패닉'에 일시적으로 망명하여 살고 있는 라틴아메리카 사람들도 속하는 것일까? 문학적 관점에서 볼 때 영어와 스페인어의 혼합인 스팽글리시로 쓰는 경우는 없을까? 라틴아메리카의 후손이라는 문제는 얼마나 통일적일까? 멕시코계 미국인, 푸에르토리코, 도미니카, 쿠바계 후손들은 매우 다른 공동체일까? 이런 개별적인 공동체의 구성 요소들은 서로 커다란 차이를 보이지 않을까? 히스패닉이나 라티노와 같은 용어들은 경멸적인 의미를 담고 있지는 않을까?

이런 질문에 대답하기란 쉽지 않다. 그러나 미국에서의 라티노 문학을 토론하기 위해서는 몇 가지의 선택이 불가피하다. 여기서 망명한 라틴아메리카 작가들은 제외될 것이다. 아르헨티나의 작가 루이사 발렌수엘라Luisa Valenzuela나 칠레의 이사벨 아옌데Isabel Allende와 같은 '포스트붐 소설' 작가들은 미국에 살았거나 살면서, 미국의 경험에 관해 작품을 쓴다. 발렌수엘라의 《아르헨티나 사람들의 탐정 소설*Novela negra con argentinos*》은 작가가 뉴욕에 일시 체류했을 때의 경험에 바탕을 두고 있으며, 1970년대에 시작된 군사독재의 '더러운 전쟁' 이후에 미국으로 망명해야만 했던 아르헨티나 지식인들의 망명 경험을 다룬다. 한편 아옌데는 1987년 캘리포니아로 거주지를 옮겨 1988년 미국인과 결혼한다. 아옌데의 작품《무한 계획*Elplan infinito*》은 미국을 무대로 삼고 있으며, 주인공은 라티노 지역에 살고 일하면서 구원을 발견하는 미국인이다.《운명의 딸*Hija de la fortuna*》은 1848년 이후 칠레인들의 이주와 캘리포니아의 골드러시와 관련된 역사적 로맨스 소설이다. 그러나 발렌수엘라와 아옌데는 라틴아메리카 작가로 간주되지 미국에서의 '히스패닉' 작가로 여겨지지는 않는다. 또한 미국 시장에 한정된 것이 아니라 보다 광범위한 스페인어 독자들을 위해 글을 쓴다.

이것은 스페인어로 작품을 쓰는 라티노 작가들이 미국계 히스패닉 독자들만을 위해 글을 쓰는 것이 아니라는 것을 의미하기도 한다. 실제로 1970년대 이후, 많은 라티노 소설은 영어로 씌어지고, 영어는 미국 히스패닉 소설의 주요 표현 언어가 된다. 이 장에서는 바로 이런 작품들을 중심으로 다루려고 한다. 이런 소설의 주제는 주로 미국에서의 히스패닉의 경험과 관련이 있지만, 최근의 몇몇 소설들은 자신들의 뿌리가 되는 라틴아메리카에도 관심을 집중하는 경향이 있다. 이런 마지막 부류의 훌륭한 예가 바로 산드라 베니테스Sandra Benítez(1941-)의 감동적인 작품 《모든 사물들의 무게*The Weight of All Things*》(2000)이다. 이 소설은 오스카르 아르눌포 로메로 대주교의 살해를 젊은 엘살바도르 소년의 경험에서 재창조하고 있다.

그렇지만 1980년대 이후 훌륭한 히스패닉 문학작품들은 대부분 미국에서 겪은 라티노들의 경험을 다룬다. 이 시기의 대표적인 작가들로는 오스카르 이후엘로스Oscar Hijuelos(1951-), 산드라 시스네로스Sandra Cisneros(1954-), 훌리아 알바레스Julia Alvarez(1950-), 크리스티나 가르시아Cristina García(1958-), 아나 카스티요Ana Castillo(1953-) 등을 들 수 있다. 그런데 이 작가들은 히스패닉일까, 라티노일까? 실제적으로 이런 용어들은 의미상 상당한 차이를 지니고 있지만 현실적으로 거의 그 차이가 무시된다. 시스네로스와 카스티요는 멕시코 후손이며, 이후엘로스는 쿠바 후손이다. 그리고 알바레스에는 도미니카 공화국의 피가 흐르고 있으며, 가르시아는 쿠바에서 태어났다. 우선 미국에 사는 라티노들의 주요 소설들을 간략하게 알아보기 전에, 히스패닉 미국인의 경험의 다양한 문화적 뿌리를 간단하게 살펴보고자 한다.

2. 멕시코 계열의 미국 문학

미국에서 가장 긴 역사를 자랑하는 히스패닉 작가들은 대부분 치카노 혹은 멕시코 계열의 미국인 공동체에 속해 있다. 치카노 문학은 혼종의 역사를 지니고 있다. 그것은 1848년까지 미국 남서부의 대부분이 멕시코에 속해 있었기 때문이다. 이 지역에는 식민지 중심적이거나 라틴아메리카 중심적인 문학작품들이 함께 존재했지만, 영어로 쓰인 문학은 19세기 말이나 20세기 초가 되어서야 나타난다. 그리고 마리아노 아수엘라Mariano Azuela처럼 스페인어를 쓰는 작가들이 멕시코 혁명의 물결 속에서 미국으로 이주했던 20세기에는 더욱 큰 변화가 있었다.

그러나 치카노로서의 본격적인 의식은 소위 주트슈트 반란이라고 불리는 사건이 일어난 1943년 이후가 되어서야 출현하기 시작한다. 그해에 미국 군인은 로스엔젤레스에 있는 멕시코계 미국인들을 공격한다. 그러자 불평등한 치카노의 지위 문제가 표면화되고, 치카노 정체성의 정치적 의미는 커지기 시작한다. 하지만 이런 정체성의 의미는 1960년대에 와서야 공고하게 이루어지고, 따라서 이 시기에 비로소 문학에서 치카노 미학이라고 인정될 수 있는 것이 만들어진다고 말할 수 있다.

1960년대에 들어 치카노들은 시위를 하며 공민권 운동을 벌이고, 유명한 농장 노동자들의 지도자인 세사르 차베스César Chávez(1927-1993)는 그런 운동을 조직하기도 한다. 치카노 운동은 확대되며, 공동의 명분에 초점을 맞추게 된다. 문화적으로 이것은 루이스 발데스Luis Valdez(1940-)의 연극 작품의 도움을 받는다. 그는 '농민 연극'이라고 불리는 연극을 상연하면서, 농장 노동자들에게 그들이 어떻게 수탈되고 있는지를 분명하게 보여 준다. 또한 유명한 서사시가 공개 모임에서 큰소리로 읽히는데, 그 작품은 로돌포 '고리키' 곤살레스Rodolfo 'Gorky' González(1928-)의 《나는 호아킨*I am Joaquín*》(1967)이다. 그 시는 집단적 정체성의 분위기가 대립적 성향을 갖도록 하는 데 한몫을 담당했다.

이후 '치카노 르네상스'라고 알려진 시기가 시작되고, 1970년대에 들어 치카노 소설은 도약하기 시작한다. 여기에는 두 개의 중요한 동기가 있다. 하나는 문학잡지들의 탄생이다. 그

중에서 가장 유명한 것이 《아스틀란*Aztlán*》과 《치카노 푸에르토리코 잡지*Revista Chicano-Riqueña*》이다. 후자의 제목은 미국에 사는 치카노와 푸에르토리코 사람들의 문화적 · 비평적 의미를 담고 있는 잡지임을 분명히 보여 준다. 반면에 전자는 치카노의 정신 구조와 미학을 형성하도록 도움을 주었던 건국 신화를 암시한다. 《아스틀란》은 멕시코계 미국인이 미국의 자본주의로 흡수될 수 있다는 위협 아래서, 근본적인 치카노 정신을 구체화하는 성스러운 기원의 장소가 된다.

두 번째로 치카노 문학에 박차를 가한 것은 킨토 솔 출판사이다. 이 출판사는 의식적으로 치카노 문학작품을 출판하고 영향력 있는 킨토 솔 문학상을 제정하면서 치카노 문학을 널리 알린다. 이후 치카노 문학은 끊임없이 발전한다. 1970년대에는 남성의 이주와 성장에 관한 소설들이 많이 발표되고, 1980년대에는 영어로 쓰인 치카노 소설들이 눈에 띌 정도로 늘어난다. 특히 여성들의 작품이 많이 출판되는데, 이것은 현재의 보수적인 남성 지향적 관점이나 신화 집착적 관점과 어느 정도 단절하게 만들어 준다. 그렇게 치카노 문학은 미국의 주류 문학과 밀접한 관계를 맺게 된다.

그렇다면 치카노 소설은 무엇일까? 일반적으로 최초의 치카노 소설은 호세 안토니오 비야레알Antonio Villarreal(1924-)의 《포초*Pocho*》(1959)라고 여겨지고 있다. 이 작품의 중요성은 멕시코의 정체성과 미국적 정체성의 긴장 관계를 파헤친 것에 있다. 이 작품은 멕시코 혁명으로 인해 망명한 가족을 다루면서 전통적인 멕시코의 가치와 그들이 살고 있는 새로운 미국의 문화 사이에서 상처를 입는 아이에게 초점을 맞춘다. 하지만 존 레치John Rechy(1934-)의 《밤의 도시*City of Night*》(1963)가 미국인과 멕시코인에게 보다 널리 수용되었다고 말할 수 있다. 그것은 이 작품이 동성애와 게이의 매춘을 자서전적으로 다루면서, 새로운 치카노 문화가 선천적으로 지니고 있는 사회적 보수주의를 강조하기 때문이다.

한편 4회에 걸쳐 킨타 솔 문학상을 받은 작품들은 갈수록 커져 가는 치카노 소설의 명성을 확고하게 만드는 데 큰 도움을 주었다. 이 상을 받은 네 작품은 토마스 리베라Tomás Rivera(1935-1984)의 《어느 꼬마의 마루 밑 이야기*Y no se tragó la tierra*》(1971), 루돌포 아나야Rudolfo Anaya(1937-)의 《울티마, 내게 축복을*Bless Me, Ultima*》(1972), 롤란도 이노호사 스미스Rolando Hinojosa-Smith(1929-)

의 《클라일 시티, 죽음 여행*Klail City Death Trip*》(1972), 에스텔라 포르티요 트램블리Estela Portillo Trambley(1936-1999)의 《마구 퍼붓는 전갈*Rains of Scorpions*》(1975)이다. 마찬가지로 쿠바의 유명한 '아메리카의 집' 국제문학상이 1976년에 이노호사 스미스의 《클라일 시티와 주변*Klail City y su alrededor*》에 수여되었다는 사실도 매우 중요하다. 이것은 치카노 문학이 국제적으로 인정받았으며 동시에 라틴아메리카 문학의 일부로도 공식적으로 편입되었다는 것을 보여 주기 때문이다. 그리고 실제로 1970년대에는 도시와 시골을 소재로 전개되는 치카노의 삶에 관한 일련의 소설들이 많이 출판되었다.

획기적으로 치카노 문학이 미학적 약진을 이룩한 시기는 1980년대이다. 시카고에서 자란 두 명의 여성 작가들인 산드라 시스네로스와 아나 카스티요가 치카노의 관점을 혼합한 작품들로 보다 광범위한 호소력을 지니면서 미국에서 대성공한다. 이후 다른 중요한 여성 작가들이 이어진다. 가령 데니스 차베스Denise Chávez(1948-), 알마 비야누에바Alma Villanueva(1944-), 엘레나 마리아 비라몬테스Helena María Viramontes(1954-) 등을 들 수 있다. 이 시기는 또한 치카노의 분리주의를 비판하고 문화 통합을 주장하고 장려하는 리처드 로드리게스Richard Rodríguez(1944-)가《기억의 배고픔*Hunger of Memory*》으로 국제적인 이목을 집중시키면서 치카노 문학을 가시화한 때이기도 하다. 한편 치카노 문학이 고도의 지적 교양을 띠면서 의미 있는 영역 확장을 하는 가운데서, 두 여성 작가가 레즈비언 치카나의 관점에서 치카노의 정체성을 문제화하면서 많은 영향을 끼치는 혼종 작품을 출간한다. 그것은 바로 체리에 모라가Cherríe Moraga(1952-)의《전쟁 기간에 사랑하기*Loving in the War Years*》(1983)와 글로리아 안살두아(1942-)의《국경*Borderlands / La frontera*》(1987)이다. 미국 학술 단체에서 인정받은 이 작품들은 치카노 문화 생산의 이정표를 이루는 중요한 작품들이다.

3. 푸에르토리코 계열의 미국 문학

한편 푸에르토리코계 미국인의 경험은 멕시코계 미국인의 그것과는 다소 다르다. 19세기에 미국에는 망명한 푸에르토리코의 작가들과 지식인들이 있었지만, 미국 내에서 푸에르토리코의 중요성은 대부분 20세기 미국의 영향력 있는 경제적 요인에 기인한다. 특히 이것은 대도시, 특히 뉴욕과 연결된다. 푸에르토리코 사람들은 주로 1900년대 초에 담배공장에서 일하기 위해 미국에 도착한다. 당시 푸에르토리코 섬은 미국 영토의 일부가 되고, 1917년부터 미국 시민권을 갖게 된다.

하지만 미국으로의 대량 이주는 1940년대와 1950년대에 루이스 마린의 지휘 아래 진행된 '자립 작전Operación Manos a la obra'이라는 야심찬 산업화 계획 이후에 시작된다. 미국 회사들의 투자 유치를 통해 푸에르토리코를 발전시키려는 이 계획은 실제로 푸에르토리코의 전통적인 농업 경제의 기초를 흔들었고, 농촌에서 도시로 대량 이주를 조장했으며, 푸에르토리코인들을 뉴욕으로 쇄도하게 만들었다. 한편 뉴욕에 도착한 푸에르토리코인들을 기다리고 있던 것은 저임금 일자리거나 아니면 실업밖에는 없었다. 푸에르토리코와 미국의 관계는 푸에르토리코가 1952년에 '자유연합주'의 지위를 인정받으면서 강화된다.

푸에르토리코인들이 커다란 공동체를 형성한 뉴욕에서는 이 기간의 사건들과 이민자들의 문제를 다루는 작품들이 생산되기 시작했다. 하지만 대부분은 스페인어로 씌어졌거나 종종 푸에르토리코 내에서 출간되었다. 이런 작품들 중에서 가장 널리 알려진 것은 아마도 페드로 후안 소토Pedro Juan Soto(1928-)의 단편집《스페인계 미국인들*Spiks*》(1954)일 것이다. 이 작품집은 뉴욕의 브롱크스에서 보낸 작가의 경험을 생생하게 반영하고 있다. 이 작품의 영향으로 1960년대에 들어서는 뉴욕을 소재로 이민자들의 삶에 관한 회고록 경향을 따르는 수많은 도시 소설들이 영어로 출판되기 시작한다. 이 작품들은 초기의 회고록 단계를 넘어 뉴욕의 푸에르토리코인들, 즉 뉴요리칸의 언어를 포착하려고 추구한다. 가장 유명한 작품은 스페인계의 슬럼가 출신이며 흑인인 피리 토마스Piri Thomas(1928-)의《이 더러운 거리를 따라*Down these Mean Streets*》(1967)이다. 슬럼가의 삶이 보여주는 냉혹성을 그린 이 작품은 1970년대 이후 비슷한 계열의 자전적 작품들이 대량으로 탄생하게 만들었다.

1970년대 푸에르토리코계 미국인들의 문학은 소설보다도 시에서 이루어지면서 발전한다. 특히 그것은 1960년대 가난한 푸에르토리코인들의 명분을 옹호하는 '영 로즈 파티Young Lords Party'로 촉발된다. 이런 사회적 배경으로 인해 시 역시 푸에르토리코 계열의 미국인들이 발표한 소설의 주요 관심사를 다룬다. 한편 1970년대 이후 가장 유명한 푸에르토리코 계열의 소설가로는 니콜라사 모르Nicholasa Mohr(1938-)를 들 수 있다. 그녀의 작품들은 1960년대 작품들에 비해 덜 어둡고 덜 남성 지향적이며, 종종 아이의 관점에서 서술되어 있다. 한편 1980년대에 들어서 푸에르토리코계 미국의 가장 훌륭한 소설로는 조지아주에 거주하는 유디스 오르티스 코페르Judith Ortiz Cofer(1952-)의 《태양의 선*Line of the Sun*》(1989)이 손꼽힌다. 여기서 그녀는 마술적 사실주의 문체로 젊은 여성의 눈을 통해 여러 세대에 걸친 가족 이야기를 서술한다. 이런 마술적 사실주의적이고 여성 지향적 가족사는 미국에서 많은 라티나 소설의 전형이 된다.

4. 쿠바 계열과 도미니카 계열의 미국 문학

쿠바계 미국인들의 경우는 멕시코와 푸에르토리코 계열의 작가들과 또 다르다. 그것은 쿠바로부터의 이주가 경제적 동기뿐만 아니라 정치적 동기에 의해서도 이루어졌기 때문이다. 미국으로의 망명 역사가 오래된 푸에르토리코의 경우처럼, 쿠바 역시 미국으로의 망명 역사는 해방 운동 시기로 거슬러 올라간다. 가장 유명한 사람은 소설가이자 행동주의자였던 시릴로 비야베르데Cirilo Villaverde(1812-1894)와 시인이며 소설가이며 라틴아메리카의의 해방의 선구자로 일컬어지는 호세 마르티José Martí(1853-1895)이다. 다른 작가들은 1930년대부터 1950년대까지 풀헨시오 바티스타Fulgencio Batista 정권의 탄압을 피해 도망 나온다. 가장 유명한 사람으로는 에드문도 데스노에스Edmundo Desnoes(1930-)를 들 수 있다. 하지만 진정한 이주의 물결은 1959년 쿠바 혁명 이후에 시작되고, 1980년의 마리엘 사태로 절정에 달한다. 이 당시 지미 카터 대통령이 쿠바의 정치 난민들에게 관용적인 태도를 취하자, 피델 카스트로는 그에 대한 반발로 1만 2천 명이 넘는 쿠바인들을 미국의 플로리다로 이주시키라고 지시한다. 미국으로 건너온 쿠바 작가들 중에는 리노 노바스 칼보Lino Novás Calvo(1905-1983), 리디아 카브레라Lydia Cabrera(1900-1991), 엔리케 라브라도르 루이스Enrique Labrador Ruiz(1902-1990), 그리고 세계적으로 널리 알려진 작가인 레이날도 아레나스Reinaldo Arenas(1943-1990)가 있다. HIV 바이러스에 감염된 아레나스는 자기가 일종의 숭배의 대상이 되자 목숨을 끊었는데, 그의 소설 《문지기*El portero*》(1989)는 맨해튼으로의 망명을 다루고 있다.

영어로 글을 쓰는 쿠바계 미국인들은 1970년대 이후 보다 눈에 띈다. 하지만 그들의 초점은 푸에르토리코 계열의 미국인들의 관점과는 사뭇 다르다. 그것은 대부분의 쿠바의 망명객들이 중산층 출신이기 때문이다. 한편 1980년대와 1990년대에 들면서 가장 중요한 두 작가가 등장한다. 오스카르 이후엘로스는 1989년에 그의 작품《맘보킹 *The Mambo Kings Play Songs of Love*》으로 퓰리처상을 탄다. 이 작품은 주류 미국 문학의 주요 작품이 되고, 그 어떤 작품보다도 미국에서 가장 커다란 반향을 일으킨 라티노 작품이다. 또 다른 작가는 크리스티나 가르시아이다. 그녀의 민족적 대하소설《쿠바인을 꿈꾸기 *Dreaming in Cuban*》(1992)와《아구에로 자매들 *The Agüero Sisters*》(1997)은 미국 문학에 상당히 큰 충격을 준다.

크리스티나 가르시아와 비교될 수 있는 도미니카 계열의 미국인은 훌리아 알바레스이다. 그녀의 작품《가르시아 가족의 여자아이들은 어떻게 악센트를 잃어버렸는가 *How the García Girls Lost Their Accents*》(1991)와《나비의 시절 *In the Time of the Butterflies*》(1994)은 미국에서의 도미니카인의 유년 시절과 청년 시절을 다룬다. 대부분의 도미니카 작가처럼, 그녀의 작품은 라파엘 트루히요 Rafael Trujillo(1930-1961) 독재 체재와 1965년 미국의 도미니카 공화국 침공으로 가득하다. 도미니카인들의 미국 이주 현상은 1970년대와 1980년대에 들어서야 중요해진다. 그리고 1980년대 이후 많은 도미니카 계열의 많은 단편작가와 소설가들이 탄생되지만, 훌리아 알바레스는 이 시기에 나타난 소설가들 중에서 국제적으로 가장 널리 알려진 작가이다.

5. 1980년대와 1990년대의 몇몇 작가들

1) 오스카르 이후엘로스

미국에서의 히스패닉 소설은 자체적인 역사를 지니고 있지만, 1980년대와 1990년대에 들어서 비로소 자신들에게만 국한된 지역이나 행동주의적 뿌리를 넘어서 미국의 문학 주류 안에서 현저한 성과를 거두게 된다. 이 시기에 라티노 소설은 현대 라틴아메리카의 전통에서 이어받은 몇 가지 특징을 보여 준다. 특히 가장 눈에 띄는 것이 가르시아 마르케스가 《백년의 고독》에서 구현했던 가족 중심의 대하소설이다. 비록 스페인어권 라틴아메리카 소설의 경지에는 결코 이르지는 못했다고 말할 수 있지만, 아직도 그것은 미국 문학계에서 매우 중요한 경향이며, 어느 정도 국제적인 지명도를 획득한 유명 작가들을 배출했다.

앞서 지적했듯이 《맘보킹》(1989)은 라티노 소설을 주변부에서 벗어나게 만든 출발점이다. 이 작품 덕택에 오스카르 이후엘로스는 국제적으로 유명해진다. 그는 이미 《마지막 세상에서의 우리 집 *Our House in the Last World*》(1983)으로 이미 그런 자질을 보여 주었다. 이 작품은 산티니오 가족의 투쟁과 슬픔을 다룬다. 소설은 1930년대 쿠바에서 "작은 마을의 멋쟁이 신사" 알레호 산티니오와 영락한 집안의 수줍은 메르세데스 소레아의 연애와 결혼 초기를 다루며 시작한다. 아메리칸 드림에 현혹되어, 젊은 부부는 1943년에 스페인계 할렘으로 온다. 그 꿈은 이내 불행한 이민자들의 잔인한 현실로 대체된다. 그리고 그들의 아들 오라시오와 엑토르는 더러움 속에서 자라며, 호텔 요리사로 일하는 알레호의 수입에 의존해 간신히 살아간다. 그들의 친구와 친척들이 기회의 땅에 뛰어드는 것을 바라보면서, 메르세데스는 갈수록 비판적이고 신경질적이 된다. 반면에 그녀의 남편은 술에 빠지게 된다. 큰아들인 반항아 오라시오는 뉴욕의 뒷골목에서 성인이 된다. 반면에 과보호된 엑토르는 병약한 분위기를 발산하는 수줍은 사람으로 자란다. 그들의 거친 삶의 이야기는 1970년대 말, 알레호가 죽은 지 얼마 후에 끝난다.

《맘보킹》은 또 다른 이민자의 이야기이며, 이 작품의 주요 힘은 시간과 장소의 회상에 있다. 이 작품은 '맘보킹'인 세사르 카스티요와 네스토르 카스티요 두 형제의 이야기이다. 그들은 1949년에 아바나를 떠나 뉴욕에 도착해서 '맘보킹'이라는 맘보와 차차차 음악을 연주하는 밴드를 조직하여 짧은 명성을 누린다. 그들의 성공은 데시 아르나스와 함께 인기 TV 프로그램인 〈루시를 사랑해I Love Lucy〉에 출연하는 것으로 절정에 달한다. 그러나 이 작품은 성공의 무상함과 그 이후의 몰락에 관한 전형적인 이야기로 이루어져 있다.

이 작품에서 두 형제의 재능과 성격은 너무나 상이하다. 네스토르는 우울하고 우수에 젖어 있다. 그는 쿠바에서 자기 마음을 사로잡았던 어느 여자를 떠올리면서 발라드인 〈내 영혼의 아름다운 마리아〉라는 '맘보킹'의 히트곡을 써서 유명해진다. 수년간 네스토르는 이 주제에 관해 작업하고, 마침내 22개의 판본을 만들기에 이른다. 자동차 사고로 목숨을 잃을 때까지 그는 이 노래를 손질하는 데 강박적일 정도로 집착했다.

네스토르와 달리 세사르는 충동적이다. 매끄러운 머리칼과 매력적인 목소리, 그리고 억누를 수 없는 성적 충동을 지닌 그는 원숙한 여자들의 이상형이다. 그는 자기와 비슷한 자질을 많이 소유했던 알레호뿐만 아니라, 〈루시를 사랑해〉에서 리키 역을 맡았던 자기의 우상 데시 아르나스도 떠올린다. 아르나스와 마찬가지로 세사르는 쿠바의 산티아고에서 태어났으며, 쿠바 악센트를 강하게 간직하고 있고, '예쁜 청년'의 모습으로 콩가 드럼을 연주한다. 아르나스처럼 그는 인생의 대부분을 여자를 사냥하며 보내고 그걸 후회한다. 1980년에 세사르는 뉴욕의 허름한 호텔방에서 세상을 떠난다. 죽기 직전에 그는 오래된 맘보킹의 레코드를 꺼내고 호밀 위스키 한 병을 연다. 그는 마지막 시간을 '맘보킹'의 음반과 노래를 회상하는 것으로 보낸다.

그러나 이후엘로스는 《에밀리오 몬테스의 14자매들*The Fourteen Sisters of Emilio Montez O'Brien*》(1993)과 《화려한 계절의 여왕*Empress of the Splendid Season*》(1999)과 같은 작품을 출판하지만 《맘보킹》과 같은 주목을 받지도 못하고 상업적 성공도 반복하지 못한다. 하지만 이 작품들은 《맘보킹》이 보여 주는 마치스모(남성우월주의)에서 여성 인물로 옮겨가며, 초기의 성난 젊은이의 목소리에서 벗어나 성숙하고 발전된 라티노 글쓰기를 보여 준다는 평을 받고 있다.

2) 산드라 시스네로스와 아나 카스티요

많은 라티나 소설가들이 나타나면서 미국에서 히스패닉 소설의 시대가 오고 있음을 실제로 보여 준다. 특히 두 치카나 작가들은 라티나 글쓰기의 도약에서 매우 중요한 역할을 차지한다.

산드라 시스네로스의 1984년 소설인 《망고 거리의 집*The House on Mango Street*》은 획기적인 사건이라고 볼 수 있다. 이 작품은 가난과 자기 비하, 그리고 히스패닉 동네의 타락이라는 문제를 다루고 있다. 그러나 점잖고 비폭력적이며 여성적이고 시적인 목소리를 통해 서술된다. 이 이야기는 사춘기 소녀인 에스페란사의 관점에서 시처럼 짧은 단상들로 이루어져 있다. 에스페란사는 좋은 집에 자기 방을 갖고 싶어 하지만, 자기가 자랐던 망고 거리의 형편없는 집들과 연관되어 있다는 사실을 알고 있다. 이렇게 이 소설은 라티나의 뿌리와 아메리칸 드림 사이의 문화적 긴장을 보여 주는 전형적인 치카나 작품이다. 그러나 여기서 새로운 것은 서정적이고 여성적이며 낙관적인 관점으로 나타난다. 시스네로스의 명성은 여성의 성과 라티나의 배경을 다루는 시적 단편집 《나의 심술, 심술궂은 방법*My Wicked Wicked Ways*》(1987)과 단편집 《크리크어를 외치는 여인

Woman Hollering Creek》(1991)으로 더욱 명성을 얻는다.

2002년에 그녀는 멕시코-미국 가정에 관한 당당하고 밝으며 여러 세대로 이루어진 소설인 《캐러멜*Caramelo*》로 세계적인 반열에 올랐다. 이 작품은 치카노 문학에서 가장 훌륭한 소설 중의 하나로 손꼽히며, 또한 이사벨 아옌데와 라우라 에스키벨과 같은 작가들이 시작한 여성 지향적인 역사적 대하소설의 라틴아메리카 전통을 보다 대중화시킨 작품이기도 하다.

1980년대에 등장한 또 다른 주요 치카나 작가는 아나 카스티요이다. 1970년대 페미니스트이자 행동주의자로 활동했던 아나 카스티요는 《믹스키아우알라 편지*The Mixquiahuala Letters*》(1986)와 《사포고니아*Sapogonia*》(1990)를 통해 치카노 문학의 확고한 힘으로 자리 잡는다. 첫 번째 작품은 치카나 여인으로 캘리포니아에 사는 테레사가 뉴욕에 사는 미국인 여자 친구인 알리시아에게 보낸 편지를 바탕으로 전개되는 서간 소설이다. 여기서 작가는 1970년대와 1980년대의 미국과 멕시코에서 히스패닉 여인들의 역할 변화와 그들의 해방에 대해 부정적으로 반응했던 많은 보수적 히스패닉과 미국인들을 조사한다. 그러면서 주인공인 테레사는 자기 정체성과 뿌리를 찾는 여행을 떠난다. 하지만 어떤 때는 실제의 여행, 또 어떤 때는 상상의 여행을 들려준다. 《믹스키아우알라 편지》의 멕시코 여행이 테레사에게 미국-치카나의 정체성을 되돌아보도록 도와준다면, 《사포고니아》는 이전 작가들보다 덜 정치적이지만 더욱 낭만성을 강조하면서, 멕시코의 기원이 신화적 실낙원이라는 생각에 바탕을 두고 전개된다.

한편 카스티요의 1993년작인 《하느님에게서 너무나 먼*So Far from God*》은 아마도 카스티요의 작품들 중에서 가장 널리 읽힌 소설일 것이다. 이 작품은 라티나인 소피와 네 딸의 삶을 다룬다. 첫째 딸인 에스페란사는 대학을 졸업하고 텔레비전 뉴스진행자가 되지만, 사회적 성공과는 달리 자신의 삶이 공허하고 불행하다는 것을 깨닫는다. 네 딸 중에서 가장 아름다운 둘째 딸 카리다드는 원 나이트 스탠드로 인생을 허비한다. 가장 '정상적'인 것으로 보이는 셋째 딸인 페는 약혼자가 그녀를 버리자 1년간 인사불성이 된다. 한편 '미친 년'으로 알려진 막내딸은 세 살이 되는 해에 죽지만 마술적으로 되살아나서 성녀로 여겨진다. 이렇게 카스티요는 네 딸을 통해 멕시코계 미국인 가족의 마술적-현실적 초상을 그리면서 치카노 문화를 생생하게 보여준다.

3) 크리스티나 가르시아와 훌리아 알바레스

치카노 글쓰기 역사가 오랫동안 더욱 정치화된 것과는 달리, 이후엘로스와 함께 두 여성 작가는 라티노 소설과 미국 소설 사이의 경계를 허무는 데 지대한 공헌을 한다. 이들은 바로 쿠바계 미국인인 크리스티나 가르시아와 도미니카계 미국인인 훌리아 알바레스이다. 이 작가들은 지난 세대의 작가들과 달리 영어로 작품을 쓰고 이후 스페인어로 번역한다. 이렇게 이 1.5세대 작가들은 쿠바와 도미니카계 미국인의 경험을 영어권 독자들에게 전달한다. 이 두 여성 작가의 주요 소설은 1990년대에 출판된다.

크리스티나 가르시아의 첫 번째 소설인《쿠바인을 꿈꾸기》(1992)는 쿠바 혁명 때문에 헤어진 어느 이산가족에 관한 이야기이다. 3세대에 걸친 이야기를 들려주는 이 작품에서 가장인 셀리아는 스페인 유부남과 사랑에 빠지고 그에게 25년에 걸쳐 편지를 쓴다. 하지만 자기를 사랑하지 않는 남자와 결혼하고, 루르데스와 펠리시아와 하비에르를 낳는다. 셀리아는 또한 쿠바 혁명과 그 혁명의 지도자인 피델 카스트로도 사랑하게 된다. 그러나 루르데스는 혁명군에 의해 강간을 당하고, 혁명에 대한 증오를 품고 남편과 함께 뉴욕으로 이사하여 두 개의 빵집을 연다. 한편 펠리시아는 어머니와 함께 쿠바에 남아 있으면서 어느 선원과 결혼한다. 그리고 그 선원은 그녀에게 매독을 옮기고 결국 그녀는 비극적인 종말을 맞는다. 하비에르는 과학자가 되어 체코슬로바키아로 이주하지만, 그곳에서 결국 알코올 중독자로 전락한다. 다음 세대들은 부모들의 강박관념에 의해 버려진 삶을 살게 된다. 그중에서 루르데스의 딸이자 화가 지망생인 필라르 델 피노는 자기 가족의 역사를 알게 되면서, 할머니를 만나자면서 루르데스를 데리고 쿠바로 여행을 떠난다. 그렇게 헤어져 있던 가족을 상봉시키는 역할을 한다.

1997년에 크리스티나 가르시아는 첫 작품과 유사한 주제를 고급 기법을 통해 구현하여 베스트셀러가 된 《아구에로 자매들》를 발표한다. 이 작품의 자매들은 30년간 헤어져 있던 레이나와 콘스탄시아다. 그들의 헤어짐은 쿠바 이주민들의 정치적 무대를 반영한다. 프리섹스를 즐기는 레이나는 쿠바에 살면서 혁명을 지지한다. 반면에 성적으로 보수적 성향인 콘스탄시아는 미국에 살고 있다. 그들은 서로 다른 상황에 처해 있지만, 자신들의 태생에 관해 관심을 보인다는 점에서 공통점을 지닌다.

콘스탄시아는 어머니 블랑카의 설명할 수 없는 죽음에 집착한다. 한편 검은 피부의 레이나는 블랑카와 흑인 남자와의 불륜의 결과이며, 자신의 과거를 재구성하려고 노력하는 것으로 자신의 출신을 은폐한다.

이 복잡한 가족의 대하소설은 국가와 인종과 정체성에 대한 의문을 간접적으로 제기한다. 그것은 자매들이 그들의 문화적 유산을 이해하고 감수하려고 투쟁하는 것에서 잘 나타난다. 그러나 히스패닉 여자가 된다는 것이 무엇을 의미하는지도 포함된다. 부정과 규범 위반의 처벌은 여기서 마치스모나 남성적 규범에 도전하는 강하고 도전적인 여인들의 이미지와 결합되어 등장한다. 한편 가르시아의 최근 소설 《원숭이 사냥*Monkey Hunting*》(2003)은 또 다른 가족 대하소설이다. 그러나 이번에는 보다 덜 알려진 지역, 즉 중국인들의 쿠바로의 이민과 중국인들이 쿠바 문화에 어떻게 공헌했는가를 다룬다.

가르시아의 소설처럼, 훌리아 알바레스의 《가르시아 가족의 여자아이들은 어떻게 악센트를 잃어버렸는가》 역시 자매들에 관한 이야기이다. 제목에서 암시하듯이, 이 작품은 언어에 대한 관심과 가르시아 가족의 이민 여정과 문화 변용에 내재하는 상실감을 주요 주제로 다룬다. 하지만 크리스티나 가르시아의 작품과는 달리, 이번에는 어떻게 이민자의 자녀들이 그들 부모의 전통적 가치와 1960년대 이후 미국에서 그들에게 펼쳐진 흥미진진한 새로운 경험을 어떻게 조화시키는지에 관한 흥미로운 이야기이다.

이 획기적인 소설 이후, 알바레스의 가장 훌륭한 작품들은 역사소설이 된다. 그녀의 야심작이며 가장 훌륭한 작품이라고 평가받는《나비의 시절》(1994)은 세 미라벨 자매들의 끔찍한 죽음을 소설화한 것이다. 파트리시아, 미네르바, 마리아 테레사 자매들은 도미니카 공화국에서 '나비'라고 불리는 지하운동을 결성하여 트루히요 독재에 대항하다가 1960년 11월 25일에 세상을 떠난다. 현재 이 날은 많은 라틴아메리카 국가에서 '여성 폭력 금지 기념일'로 제정되어 있다.

이 작품은 유일하게 목숨을 구하여 도미니카 공화국에서 살고 있는 데데에게 헌정되어 있다. 비록 이 소설은 세상을 떠난 세 자매의 삶에 대한 허구화이며 알바레스도 트루히요 독재 정권 아래서 일어난 사건과 사실들을 자유롭게 상상하고 있다고 인정하지만, 역사적 사실을 중시하면서 소설의 사실적 토대를 강조하고 있다. 1938년부터 1960년까지의 기간을 연대기적으로 서술하는 이 소설은 모두 3부로 나뉘어져 있으며, 각각은 4개의 장으로 이루어지면서 네 자매의 이야기를 들려준다.

4) 로사리오 페레

라티노 작품들은 중산층 지식인 사이에 굳게 발을 내딛으면서, 하나의 재미있는 현상을 보여 준다. 영어로 번역된 라틴아메리카 작가들의 대중소설이 인기를 끌지만, 몇몇 라틴아메리카 작가들은 미국 라티노들과 반대로 영어로 소설을 쓰기 시작한다는 것이다. 가령 범죄소설로 유명한 쿠바 작가 호세 라투르José Latour(1940-)의 《부랑자*Outcast*》(1999)와 《아바나 최고의 친구들*Havana Best Friends*》(2002)이 그것이다. 하지만 가장 널리 알려진 경우는 아마도 로사리오 페레일 것이다. 그녀는 1995년에 《호반의 집*House on the Lagoon*》을 영어로 출판했고, 후에는 《괴짜 이웃들*Eccentric Neighborhood*》(1998)과 《백조의 비행*Flight of the Swan*》(2001)을 영어로 발표했다. 페레의 소설들은 상대적으로 그리 어렵지 않으며, 아마도 페레가 스페인어로 글을 썼던 과거에 사용했던 과도하게 급진적인 정치적이고 페미니스트적 문제를 다소 포기한 것 같은 인상을 준다.

가장 유명한 작품이며 전미도서상National Book Award 후보작으로 올랐던 《호반의 집》은 두 가문의 6세대를 그린 페미니스트 작품이다. 그러나 거기에서 푸에르토리코의 역사가 파생된다. 이 작품은 국가의 역사를 가벼운 마술적 어조로 다루면서, 멘디사발 가족의 이야기를 들려준다. 그 가족은 푸에르토리코 소수 지배계급의 변화하는 얼굴을 대표하면서, 미국에 종속되려는 푸에르토리코의 역사적 배경과 맞선다. 화자 이사벨은 푸에르토리코의 독립을 지지한다. 그녀는 결국 친미적 성향의 남편인 킨틴에게서 노방친다. 그리고 결국 그것은 성과 정치적 독립의 극적인 알레고리를 이룬다. 하지만 이 소설의 주요 특징적인 기법은 라틴아메리카의 많은 '붐 소설'과 '포스트붐 소설'들처럼 알레고리의 힘을 강조한다.

킨틴과 이사벨의 극단적 차이는 이사벨이 두 가족에 바탕을 둔 소설을 쓰고, 킨틴이 숨겨진 그 원고를 발견하여 읽는 장면에서 잘 나타난다. 이렇게 이 소설은 킨틴과 이사벨이 자기 가족의 과거를 어떻게 해석하느냐를 통해 현실의 주관적이고 모호한 성질과 자기의식의 작품임을 보여 준다. 그러나 페레의 소설은 여기서 끝나는 것이 아니라 이사벨의 목소리를 통해 의지가 약한 가구상이었던 자기의 아버지가 노름꾼이었던 어머니가 미친 이후 어떻게 목매달아 죽는지, 킨틴의 아버지가 어떻게 예술을 사랑하던 자기 아내를 구타했는지, 경찰서장이었던 킨틴의 할아버지가 1937년에 평화롭게 시위를 벌이던 사람들에게 발포를 지시했는지에 관한 다채로운 가족사를 들려준다.

5) 글로리아 안살두아

글로리아 안살두아는 현대 치카노 문학에서 매우 중요한 작가이다. 그녀의 시와 소설, 그리고 에세이는 '혼혈 여인'의 경험을 서술한다. 여기서 '혼혈 여인'은 상이한 국가와 문화 사이의 경계에서 살아가는 여인이다. 안살두아는 특히 제3세계와 치카노 문화에서 페미니즘과 동성애 문제에 대한 권위 있는 목소리이다. 또한 안살두아는 실제로 여기서 언급된 주류 작가들과 매우 다르며, 소설을 전통적인 형식대로 쓰지도 않는다. 대신 그녀는 역사와 자서전, 시와 소설이 혼합된 것을 만든다. 그리고 그것은 그녀의 '경계 개념'이 단순한 장애가 아니라 오히려 정체성이라고 여기게 만들어 준다.

안살두아의 대표작인 《경계》(1987)는 매우 독창적인 작품이다. 부제인 '새로운 혼혈'은 치카노 운동에 대한 전통적인 정치적 관점과의 연결되어 있음을 지적할 뿐만 아니라 그 운동의 사상을 채택하고 변형시켜 상이하고 다원적이며 역동적인 정체성 개념을 만들려는 소망이기도 하다. 그래서 안달수아는 자기의 정체성을 유색 치카나 레즈비언으로 강조한다. 그것은 불가피하게 레즈비언 정체성을 형성하는 백인과 중산층이라는 개념에 도전한다. 경계 그 자체는 사람들이나 문화나 정체성이 상호 영향을 주거나 단순히 존재하는 모든 지역으로 제시된다. 이런 의미에서 그녀는 1980년대의 다른 페미니스트들처럼 가부장적 이분법적 논리를 극복하고, 정체성을 표현하고 이해하기 위한 새로운 비이분법적 공간을 만들려고 노력하고 있다고 말할 수 있다.

《경계》는 멕시코와 미국의 국경에 사는 주민들의 역사적이자 개인적인 여행을 추적하고, 유럽의 정복으로 인해 국경에 살고 있는 원주민들이 얼마나 사회경제적, 정치적, 정신적 충격을 받았는지, 그리고 주변인들이 다른 사람들을 어떻게 탄압했는지 밝혀낸다. 이 책은 2부로 나뉘어 있다. 1부는 7편의 에세이로 이루어져 있으며, 2부는 몇 편의 시로 구성되어 있다. 이 책에 실린 시와 에세이는 주제적 측면에서 경계 경험뿐만 아니라 문화적, 성적, 계급적 통일성에 영향을 끼치는 요인들과 밀접한 관련을 맺고 있다. 〈혼혈 여인의 의식—새로운 의식을 향하여〉라는 에세이에서 안살두아는 치카노 문화의 성차별과 동성애 혐오증의 분열을 다룬다. 자기 자신을 '혼혈 여인'이라고 부르면서, 그녀는 젠더와 섹스의 경계를 거부하면서 새로운 정체성을 창조하려고 시도한다.

또 다른 에세이 〈고향, 아스틀란—또 다른 멕시코〉에서 안살두아는 현재의 미국과 멕시코 국경을 이루게 만든 주요 역사적 사건에 대한 광범위한 관점을 제공한다. 〈어떻게 야만인의 언어를 길들일 것인가〉에서 안살두아는 치카노의 말하는 방법에 대한 부정적인 사회적 태도와 국경에 사는 치카노의 자아정체성에 대한 부정적 태도의 해로운 효과를 설명한다. 그리고 이 책의 마지막 에세이인 〈혼혈 여인의 의식—새로운 의식을 향하여〉에서는 혼혈 여인의 의식이라는 개입을 도입한다. 그것은 국경지대와 문화적 국경의 몰락, 그리고 상이한 문화와 인종과 언어의 혼합에 뿌리를 박고 있다. 이런 혼합은 새로운 의식,

즉 혼혈 여인의 의식으로 발전하면서, 문화적 정체성에 대한 전통적인 관점을 전복시키고 다문화적 패러다임을 창조한다.

이런 혼혈 의식과 더불어 안살두아는 멕시코의 신화와 역사를 여성적 관점에서 재해석하고자 한다. 그녀는 문제적인 수사어구를 사용한다. 가령 음부는 피 흘리는 상처, 경계 그 자체와 같은 흉터로 제시된다. 즉 유럽과 이후 미국에 의해 강간당한 땅과 사람들 속에서 라티노 문화가 지닌 잔인한 흔적을 보여준다. 이것은 아스테카의 역사와 신화를 탐구하면서 여성의 공헌을 재발견하려는 것뿐만 아니라, 양성인 창조자 코아틀리쿠에에 바탕을 둔 대안적 이상을 제안하고자 함이다. 그 신은 양극성의 해체를 구현하며 동시에 정체성도 상징하는 모델로 기능한다.

라티노 문학의 이런 특징들이 이후 엘로스, 시스네로스, 알바레스 혹은 페레를 읽으며 즐기는 사람들의 취향과 관련되건 아니건, 그것은 의견의 문제이다. 하지만 라티노 문화 생산의 흥미로운 점은 그것이 반항적 정치담론을 유지하면서 문학 주류로 성공적으로 편입되고 있다는 사실이다. 그러나 라티노 문학이 어떻게 이런 두 가지 요소들을 동시에 운영했는가의 문제는 불분명하다. 사실 20세기 말에 라틴아메리카와 미국-라티노 소설에 관한 논쟁은 문학과 비평의 '윤리적' 역할에 관한 것이 주를 이루었다. 하지만 이것들은 항상 입장과 선택의 문제가 되었고, 앞으로도 그럴 것이다. 그러므로 궁극적으로는 해결되지 않은 채 항상 그대로 남아 있지 않을까 생각한다.

VI. 라틴아메리카 소설을 읽는 다양한 접근 시각들

모든 문학사나 문학 현상에 관한 글은 문학사나 문학 현상에 대한 하나의 해석이며 설명에 불과하다. 마찬가지로 대표적인 작가나 작품의 선정도 항상 선택의 문제가 된다. 특히 그런 선택은 어떤 작가와 작품이 중요하거나 의미 있는지 기존의 의견에 바탕을 두고 이루어지기 마련이다. 그러나 더욱 문제가 되는 것은, 특정한 비평적 가치나 믿음을 표현한 것에 불과한 경우에도 마치 그런 운동이나 경향이 지배적이라는 인상을 야기할 수도 있다는 사실이다. 가령 라틴아메리카 '붐 소설'이나 '포스트붐 소설'이 라틴아메리카 문학의 발전에서 핵심적이라는 생각

역시 비평적 설계의 틀을 벗어날 수 없다. 그것은 라틴아메리카의 '붐 소설'이나 '포스트붐 소설'을 강조하는 비평적 흐름이 인정하지 않은 다른 유형의 많은 작품들을 무시하는 설계이자 계획이기 때문이다.

1970년대 이후 라틴아메리카 내외에서 이루어진 문학비평의 중심 특징은 문학비평의 판단이 상대적이며 부분적이라는 것이다. 특히 이것은 정전에 관한 광범위한 논쟁을 야기한다. 그리고 그 논쟁으로 인해, 위대한 작품에 바탕을 둔 역사적·전통적 문학작품의 주류들이 다시 검토되었고 도전을 받았다. 보다 구체적으로 라틴아메리카의 경우, 그런 관심은 라틴아메리카의 상황과 전적으로 다른 유럽의 문학사 모델을 수용함으로써 제한적이거나 의심스럽고 심지어는 거짓의 라틴아메리카 문학사를 조장하지 않았느냐에 집중되었다. 그러나 이런 논쟁 과정에서 만들어진 대안 문학사 역시 그것이 거부하는 모델만큼 선택적이었다. 게다가 새 모델들은 특정한 방법으로의 문학 접근을 선호하는 경향을 지니고 있었기 때문에, 배척하고자 하는 모델과 마찬가지로 제한적이며 왜곡된 관점을 조장하기도 한다.

이 글에서는 라틴아메리카 소설을 어떻게 읽고 이해할 것인지에 관한 몇 가지 관점을 구체적으로 살펴보고자 한다. 특히 1970년대 이후 가시화되었던 라틴아메리카 중심주의적 관점과 탈구조주의적 관점, 여성주의 비평과 동성애 비평 등을 중심으로 알아보고자 한다.

1. 라틴아메리카 문학 연구의 시작—페드로 엔리케스 우레냐

1940년 11월의 어느 날 저녁은 페드로 엔리케스 우레냐Pedro Henríquez Ureña(도미니카 공화국, 1884-1946)가 하버드 대학에서 노튼 특별 방문 교수로 첫 번째 강의를 한 날인데, 현대 라틴아메리카 문학 연구가 시작된 날로 기록될 수 있다. 그가 이 강의를 바탕으로 출판한 책《라틴아메리카의 문학사조*Las corrientes literarias en la América hispánica*》(1945)는 라틴아메리카 문학에 관해 가장 널리 알려진 초기의 학술 저작물이다. 이 책이 다루는 영역은 라틴아메리카 대륙이고, 접근 방식은 분석적이며, 필체는 우아하면서도 접근 가능하다. 이 책은 작가의 대륙적 관점이라는 넓이와 역사적 지식이라는 깊이가 적절히 조화를 이루고 있다. 그러나 엔리케스 우레냐의 작품은 개인적 위업이 아니라 20세기 초반에 라틴아메리카의 문화적 유산을 규정하려고 애를 썼던 알폰소 레예스Alfonso Reyes(멕시코, 1889-1959)와 마리아노 피콘 살라스Mariano Picón Salas(베네수엘라, 1901-1965)를 위시한 라틴아메리카 지식인 세대가 결속한 결과였다.

하지만 동료 비평가들과 달리, 그는 호세 마르티José Martí(쿠바, 1853-1895)와 호세 엔리케 로도José Enrique Rodó(우루과이, 1872-1917)의 민족주의적 의제를 실천에 옮겼다. 익히 알려져 있다시피, 로도의 에세이 《아리엘*Ariel*》(1900)은 라틴아메리카를 영미 중심의 물질주의에 반대하여 보존되어야 하는 미학적 가치를 내제한 정신문화로서 규정한다. 한편 마르티의 《우리의 아메리카*Nuestra América*》(1891)는 라틴아메리카 지식인들에게 대중문화를 포용하고 미국의 제국주의와 맞서 그들의 사회를 소생시킬 것을 주장한다. 그러면서 본질적으로 두 사람은 라틴아메리카의 사회를 이해하는 데 문학의 역할이 가장 중요하다고 평가한다.

《라틴아메리카의 문학사조》는 이런 문학의 특권을 '인본주의적 민족주의'라고 부를 수 있는 체계적인 문화사로 확장한다. 즉 유럽과 미국과 비교하여 라틴아메리카 문화의 특수성을 규정한다는 의미에서 민족주의이며, 라틴아메리카의 문화적 전통을 자기표현의 진보적 역사로 이해한다는 점에서 인본주의인 것이다. 엔리케스 우레냐는 라틴아메리카의 역사에서 문학의 역할을 긍정적이고 낙관적으로 바라보았다. 그것은 라틴아메리카가 자치와 통합을 향해 움직였고, 그는 라틴아메리카 문학을 그런 사회의 예리한 반영으로 인식했기 때문이다.

한편 엔리케스 우레냐는 문화의 제도화를 통해 이런 진보를 측정했다. 그래서《라틴아메리카의 문학사조》는 위대한 작가들이나 미학 운동들뿐만이 아니라, 라틴아메리카 지역의 통합을 도모했던 문화제도들, 즉 신문이나 도서관, 박물관과 학교의 단합과 결속을 기록한다. 엔리케스 우레냐는 이런 제도나 문학의 중요성, 그리고 문화적 자립과 시민 권리의 보증으로서 교양이 중요하다는 생각을 한 번도 버리지 않았다. 불행하게도 그가 죽은 후에야 비로소 라틴아메리카에서는 그런 권리를 지켜야 한다는 필요성이 증대된다.

2. 탈구조주의 비평 — 곤살레스 에체바리아와 마냐렐리

20세기 초에 라틴아메리카 문학은 아방가르드 운동에 적극적으로 참여한 시인들에 의해 유럽과 미국에 알려진다. 하지만 20세기 후반에 이르러 일련의 라틴아메리카 소설들이 라틴아메리카 이외의 지역에서 인정을 받으며 국제적 면모를 갖추게 되면서, 비로소 시가 차지하고 있던 국제적 위상을 탈환한다. 시에서 소설로의 이런 이동은 1960년대 라틴아메리카의 '붐 소설'로 절정에 이르며, 가브리엘 가르시아 마르케스(콜롬비아), 카를로스 푸엔테스(멕시코), 훌리오 코르타사르(아르헨티나, 1914-1980)와 마리오 바르가스 요사(페루)와 같은 작가들이 인기를 끌면서 라틴아메리카 시인들의 유산은 급속히 빛을 잃는다.

'붐 소설' 작가들의 인기는 파리에서 수입된 유럽 비평의 도래와 일치한다. 이미 파리에서는 사르트르의 실존주의가 레비스트로스, 롤랑 바르트, 미셸 푸코, 자크 데리다와 같은 구조주의와 탈구조주의에게 자리를 넘겨준 상태였다. 한 예로 쿠바의 소설가이자 비평가인 세베로 사르두이Severo Sarduy(1937-1992)를 들 수 있다. 그는 30년 동안 파리에서 살면서 탈구조주의의 전개와 확산에 직접 참여했다. 익히 알려진 것처럼, 구조주의와 탈구조주의는 언어와 세계의 모방적 관계를 거부하며, 언어가 정확하게 현실을 재현한다는 물질적 의미를 거부한다. 사르두이는 언어의 모방적 기능을 라틴아메리카의 신바로크 소설들을 통해 거부한 대표적 작가이다. 이런 탈구조주의 비평은 1980년대 초 유럽과 미국에서 새로운 영역으로 강조되던 라틴아메리카 문학을 연구하는 데 지배적 관점으로 자리 잡는다.

전통적인 비평에 대한 탈구조주의 비평의 도전은 자기 지시성self-refentiality과 깊은 관련을 맺고 있다. 샤론 마냐렐리Sharon Magnarelli의 도노소에 관한 작품이 좋은 예 중의 하나이다. 샤론의 비평은 중심의 부재 혹은 의미의 부재를 보여 주는 언어의 과도한 사용을 강조한다. 하지만 이내 마냐렐리와 다른 비평가들의 관점은 보다 정치적 성격을 띤 탈구조주의 방향으로 나아간다. 해체주의적 비평에서 정치적 탈구조주의로의 이런 이행을 보여 주는 비평서가 마냐렐리의 《잃어버린 갈비뼈 *The Lost Rib*》이다. 하지만 일반적으로 정치적 탈구조주의 비평서 중에서 가장 중요한 작품으로는 로베르토 곤살레스 에체바리아의 《신화와 문서고*Myth and Archive*》(1990)가 꼽힌다.

라틴아메리카 문학비평에서 탈구조주의의 영향을 가장 강력하게 수용했던 쿠바계 미국인 학자인 로베르토 곤살레스 에체바리아Roberto González Echevarría의 가장 널리 알려진 비평집인

《신화와 문서고》는 16세기부터 현재에 이르는 라틴아메리카 소설을 이론화한다. 그의 이론은 세 가지 형태의 사회적 담론이 어떤 매개적 기능을 수행하는지에 관심을 보이면서, 식민지 시대에는 법학, 독립 이후부터 1920년대까지는 과학, 그리고 1920년대부터 20세기 후반까지는 인류학 담론이 매개적 역할을 해 왔음을 밝힌다. 곤살레스 에체바리아는 각 시기마다 어떻게 라틴아메리카 소설이 사회적 삶을 직접적으로 반영하지 않고 다른 지식과 연결된 진리-가치를 전유하는지 연구하고, 그것을 통해 라틴아메리카 소설이 이중의 모방적 표현을 사용하고 있다고 지적한다.

곤살레스 에체베리아는 라틴아메리카 소설이 지닌 이중의 모방적 표현을 밝혀냄으로써, 라틴아메리카 소설이 권위적 지식을 규정했던 담론을 모방하지만 간접적인 방식으로만 사회를 반영한다고 주장한다. 즉, 현실 자체보다는 현실에 대한 여러 담론을 반영하는 경향이 있다는 것이다. 하지만 허구로서의 소설은 진실을 주장하는 것이 아니기 때문에 다른 담론의 형태를 모방하는 능력은 권위적 담론의 허구성을 밝히는 데 공헌한다. 곤살레스 에체베리아는 라틴아메리카 소설이 다른 담론과 맞물려 있는 것을 문학적 전통, 즉 '문서고적 소설'로 암호화된 것으로 이해하고 문학과 사회의 직접적 관계를 문제시하면서 전통적 인본주의적 비평의 중심을 파괴한다.

3. 종속 이론과 문학비평 — 1960년대의 또 다른 경향

1960년대와 1970년대를 풍미했던 유럽과 미국 중심의 구조주의와 탈구조주의와는 달리, 1960년대의 또 다른 주요 비평 운동은 해외가 아니라 라틴아메리카의 사회학, 특히 종속 이론에서 영감을 받는다. 1950년대에 라틴아메리카 학자들은 지역경세가 세계시장에 종속되있다는 것을 이론화시기기 시작했다. 종속 이론가들은 미국과 유럽의 경제적 성공을 그들이 주변 지역을 지배한 결과라고 이해했다. 즉 일부 몇몇 지역의 과잉 성장이 다른 지역의 저개발을 야기했다는 것이었다. 이런 악순환의 고리를 끊는 것은 정치적 · 경제적 권력의 재편을 통해 주변부의 종속을 변화시키는 것을 의미했다. 종속 이론은 마르크스주의의 뿌리를 지키면서 급진적 사회 변혁을 주창한 혁명적 패러다임이었다. 오랫동안 쿠바 혁명은 그런 변화가 가능하다는 희망을 주었고, 종속 이론은 1960년대 후반과 1970년대에 광범위하게 유포되었다.

종속 이론은 세계경제 체제 내에서 라틴아메리카의 특수한 상황을 이해하려고 노력했다. 문학 연구자들은 라틴아메리카를 그렇게 규정된 사회 영역 내에서 이해하려고 했다. 특히 종속 이론은 라틴아메리카 문학이 식민제국에서의 독립을 표현한 순간과 그 문학적 기법에 새로운 관심을 보이게 만들었다. 알레한드로 로사다Alejandro Losada(아르헨티나, 1936-1985)는 이런 방향에서 가장 체계적인 노력을 기울인 비평가이다. 로사다는 민족주의적 틀을 그들의 사회구조와 세계 경제 참여로 규정된 지역적 구분으로 대체했다. 그리고 식민 본국의 모델과 단절된 각 지역 문학의 가능성을 고찰했다. 그의 작품에 나타난 종합적 힘은 놀라우며, 로사다는 광범위하게 직관적인 비교를 설정한다. 그러나 특정 작가나 작품 혹은 운동에 대한 그의 판단은 그것들을 구체적 상황 속에서 살펴보았을 때 항상 설득력이 있는 것은 아니다.

로사다 이전에 브라질의 유명한 비평가 안토니우 칸디두Antônio Cândido는 종속 이론을 통해 보다 성공적으로 라틴아메리카 문학에 관한 비평서를 발표했다. 특히 〈문학과 저개발〉

(1969)이란 글에서 칸디두는 세계 경제와 지역 관계의 의식을 바탕으로 세 개의 광범위한 시기를 확인했다. 그것은 새로운 세기의 이데올로기(19세기 후반과 20세기 초반), 저개발의 전의식(20세기 초반부터 1940년대까지), 그리고 저개발의 의식(1950년대와 1960년대)으로 이루어져 있다. '새로운 세기의 이데올로기'는 라틴아메리카의 풍부한 자연을 강대국으로 나아가는 길의 약속으로 이해했다. 한편 '저개발의 전의식'은 이런 공식을 뒤집고 지역의 환경이 인간을 압도한다는 입장을 취하면서 지역적 제도의 허약함을 상징한다. 마지막으로 '저개발의 의식'은 칸디두가 '메나 시억주의'라고 부르는 독창적인 미학 계획을 통해 세계 경제에 대한 지역의 관계를 비판한다. 〈문학과 저개발〉은 '낭만주의'와 '자연주의'처럼 외국에서 수입된 구분 체계에 바탕을 둔 시대 구분에 강력한 대안을 제시한다. 그것은 라틴아메리카에서 대부분의 그런 미학들이 완벽하게 적용된다고 말할 수 없기 때문이다. 그러나 문학 비평에서 종속 이론의 가장 큰 영향은 우루과이의 비평가 앙헬 라마Angel Rama(1926-1983)를 통해 이루어진다.

4. 라틴아메리카 중심주의적 비평 — 앙헬 라마

문학비평의 정치화 양상은 유럽 중심적 모델과 반대되는 라틴아메리카 문학비평의 전통을 확인하려는 요구로 발전한다. 이런 대안적 전통은 항상 존재했지만, 체계적인 관심으로 표출되지는 않았다. 로도와 마르티 같은 라틴아메리카 지식인들은 19세기 말에 라틴아메리카 정체성 표현의 핵심 구성요소는 문학이 되어야 한다는 생각을 가지고 있었다. 앞서 살펴본 도미니카의 비평가 페드로 엔리케스 우레냐와 베네수엘라의 마리아노 피콘 살라스와 같은 라틴아메리카 비평가들은 1940년대에 미국에서 문학을 가르쳤으며, 라틴아메리카 문학과 문화전통을 외부 세계에 설명할 필요가 있다는 생각을 발전시킨 선구자들이다. 후에 브라질의 안토니우 칸디두, 아르헨티나의 알레한드로 로사다와 우루과이의 앙헬 라마와 같은 인물들은 보다 명시적으로 사회적 · 경제적 · 정치적 틀 속에서 라틴아메리카 문학을 이론화한다.

여기서 가장 중요한 사람은 앙헬 라마이다. 이제 그의 이름은 라틴아메리카 문학비평 모델을 주장한 대표자의 동의어가 되어 있다. 그의 가장 유명한 비평서는 《라틴아메리카 소설의 문화 횡단*Transculturación narrativa en América Latina*》(1982)과 《문자화된 도시*La ciudad letrada*》(1984)이다. 절충적이고 혁신적인 사상가라는 평을 받는 라마의 작품은 하나의 작품이 아닌 그의 대표작 두 개를 통해 예증을 들어야 한다. 그것은 두 작품이 라틴아메리카 문화 권력의 보완적 계보를 형성하면서 라틴아메리카 문학사를 종합하기 때문이다.

《라틴아메리카 소설의 문화 횡단》은 쿠바의 지식인인 페르난도 오르티스Fernando Ortiz(1881-1869)의 의견에 바탕을 두고 전개된다. 그는 '문화 변용acculturation'이라는 일방적인 용어를 '문화 횡단transculturation'이란 용어로 대체하여, 카리브해 지역에서 노예무역과 농업 생산이 아프리카와 스페인 문화, 심지어 영향력 있는 유럽 사회와 조화를 이루는 복잡한 과정을 설명한다. 라마는 이런 오르티스의 생각을 따라, 1900년대부터 1950년대에 이르는 일련의 지역주의 소설을 다시 연구한다. 지역주의 작가들 중에서 라마는 '문화 횡단가'라고 일컬어지는 일련의 그룹을 선호한다. 그들의 작품은 국제 아방가르드의 실험적인 소설 기법과 전통적인 농촌문화로부터 유래된 구전 형식을 함께 사용한다. 이런 작가들 중에서 라마는 근대화라는 균질적 효과에 반대하여 문화적 구체성의 무게에 중점을 둔다.

앙헬 라마는 문화 횡단 소설을 수많은 라틴아메리카 국가들의 특징인 이질적인 요소들을 통합할 수 있는 민족주의의 모델로 상정한다. 문학에게 대안적 민족주의 계획을 표현할 수 있는 능력이 무엇인지 밝히면서, 《라틴아메리카 소설의 문화 횡단》은 집단적 사회 주체를 표현하는 문학의 인문학적 관점을 따른다. 그러나 라마는 종속 이론에 영향을 받은 근대화의 전 지구적 개념을 통해 이런 유산에 접근한다. 종속 이론의 양극 모델을 유지하면서, 라마는 전 지구적 체제의 중심에서 주변으로 일방적으로 움직이는 힘으로 경제적·사회적 근대화를 설명한다. 주변부의 지식인들은 자신들의 정체성을 어느 정도 간직할 수는 있지만 라마는 주변부 사회가 근대화 자체에 기여한다고 보지는 않는다. 중심-주변 관계의 일방적 개념의 파괴는 이미 오르티스의 작품에 예언되어 있었지만, 유사한 관점은 영미계의 탈식민주의 이론이 이 영역에 영향을 끼칠 때까지 라틴아메리카 문학 연구에 나타나지 않는다.

대부분은 영미 탈식민주의 이론이 에드워드 사이드의 《오리엔탈리즘*Orientalism*》(1978)에서 시작하듯이, 라틴아메리카에서 비슷한 계획을 발전시키려는 노력은 라틴아메리카 지식인 계층을 분석하는 앙헬 라마의 유고작인《문자화된 도시》에서 출발한다. 이 비평서는 출발점으로 이 지역의 교육이 엘리트적 성질을 가지고 있다는 점을 수용하면서 인본주의적 전통에 의문을 제기한다. 엔리케스 우레냐가 상상했던 통합성이 지닌 진취적인 힘과 거리를 두면서 라마는 교양을 특권과 지배의 결정적인 형태로 간주한다.

그러나 교양과 문학의 핵심적 표현인 교육은 단순히 권력의 하인으로만 기능한 것이 아니었다. 대신 라마는 라틴아메리카의 지배계급이 문인, 작가, 변호사, 역사가를 필요로 했고, 그들의 메시지를 사람들에게 전하고자 했다는 점을 지적한다. 이런 상호 필요의 관점에서, 교육받은 엘리트—식자층—는 엘리트와 일반 민중들을 매개하는 반半자치적 조합을 발전시켰다. 그리고 이 조합에서 라마는 지식인들이 배제의 메커니즘으로 교육을 명시적으로 인식한다는 것을 확인한다. 이런 문화적 지도자들은 '문자화된 도시'를 구성하는 주인공들이다. 그것은 교육과 특권의 계속된 상호의존성을 보장하는 이데올로기이기도 하다.

《문자화된 도시》는 식민 시대의 라틴아메리카에서 바로 이런 교육과 특권의 상호의존성을 추적한다. 하지만 라마는 문자화된 도시의 영향력은 좀처럼 극복될 수 없으며, 심지어 그것은 급진적이거나 혁명적인 지식인에게도 그렇다는 것을 보여 준다. 《라틴아메리카 소설의 문화 횡단》에서는 낙관주의가 지배하지만, 《문자화된 도시》는 교양과 권력의 관계가 1960년대까지 대부분 변하지 않고 남아 있었는지를 연구하면서, 그런 낙관주의를 비판하는 것 같은 인상을 준다. 그래서 라마의 가장 영향력 있는 두 작품은 서로 밀접한 관계를 띠고 있지만 《문자화된 도시》는 종종 《라틴아메리카에서의 소설의 문화 횡단》의 거부로 읽히기도 한다.

5. 탈식민주의 비평과 하위 주체의 문제
—존 베벌리와 월터 미뇰로

앙헬 라마의 《문자화된 도시》는 사이드가 《오리엔탈리즘》에서 추적하는 관계와 비슷하게 지식과 권력의 라틴아메리카 계보를 제공했다. 사이드는 식민화된 지역의 서술에서 식민지 지식인들을 연구하고 라마는 식민화된 사회에서 지식인들을 연구하지만, 두 사람 모두 지식인들이 정치 권력과 밀접하게 연결되어 있다는 것을 보여 준다. 그래서 사이드와 라마는 창작가들을 포함한 지식인들이 사회 정책에 실질적인 영향력을 행사했다는 것을 제안한다. 닐 라슨Neil Larson이 《결정 *Determination*》(2001)에서 최근에 주장한 것처럼, 지식인과 권력과의 관계를 드러내는 것은 탈식민주의 비평의 핵심을 이룬다. 존 베벌리John Beverley의 작품 《하위 주체성과 표현*Subalternity and Representation*》(1999)은 아마도 라마의 이런 읽기에 대한 가장 영향력 있는 예일 것이다.

식민시 인도에 관해 작업하는 역사가들처럼, 베벌리는 라틴아메리카 문학 영역에서 대중 계급—혹은 하위 주체 그룹—의 역할을 연구하기 위한 선구적인 노력을 기울인다. 라틴아메리카 문학이 정치 권력과 유사하며 밀접한 관계를 맺고 있다는 사실을 거부하는 것으로 읽기 시작한다. 베벌리는 《문자화된 도시》를 라틴아메리카 문학이 정치권력과의 밀접성의 거부로 읽기 시작한다. 베벌리에게 분석의 가장 긴급한 대상은 엘리트/하위 주체의 관계를 생산하고 재생산하는 학계 자체의 공모이다. 따라서 《문자화된 도시》는 《라틴아메리카 소설의 문화 횡단》에서 제기된 문제—어떻게 엘리트들은 하위 주체 혹은 주변화된 문화와 맞서 보다 효과적으로 싸울 수 있는가?—인 지식인 제도에게 비판을 가하지 않고는 불가능하다.

이런 비평은 하위 주체의 지식과 맞물려서 전개될 뿐만이 아니라, 어느 정도 베벌리는 하위 주체의 지식이 근본적으로 참여를 배재당하고 있는 것으로 본다. 또한 하위 주체의 지식을 문학적 표현으로 가져오는 것은 하위 주체의 문화를 열등한 것으로 규정했던 제도로 하위 주체를 포함하는 것이라고 주장한다. 베벌리의 하위 주체 접근은 집단적 의식을 표현하는 특권적 도구로서 문학에 대한 믿음에 대해 의문을 제기하는 라마와 같은 선에 있다. 그러나 엘리트 지식인들이 비억압적인 방법으로 하위 주체의 지식을 습득할 수 있다는 가능성을 배제함으로써, 베벌리는 지식인과 시민 사회의 사회의 대안적 협력을 부정하고, 엘리트와 하위 주체의 구분을 통합의 가능성 없이 이원론적으로 구분한다.

아르헨티나의 학자 월터 미뇰로Walter Mignolo는 라틴아메리카 문학을 탈식민주의 논쟁과 연계시키려고 노력한 사람이다. 그의 노력은 앙헬 라마의 비평에 더욱 가깝다. 1980년대에 미뇰로는 식민지 라틴아메리카 문학 연구 분야를 쇄신한 주요 인물 중의 하나가 된다. 그리고 이 주제에 관한 그의 책《르네상스의 보다 어두운 면*The Darker Side of the Renaissance*》(1995)은 원주민의 문화적 표현의 비텍스트적인 형태에 접근하고, 문학사에서 그들이 제외된 것을 이론화하려는 광범위한 계획을 고안한다. 베벌리와는 달리, 미뇰로는 문화와 하위 문화의 공통분모를 찾으면서 그런 이론의 유효성을 옹호한다. 비전통적인 연구대상—그림문자, 지도, 직물, 비언어적 글쓰기 등등—을 분석하는 미뇰로의 비평서는 대중적 지식을 이용하여 엘리트 권력을 탈중심화하려는 라마의 계획과 더욱 밀접한 관련을 맺는다. 이런 비전통적 연구 대상에 대한 미뇰로의 관심은 수많은 혁신적인 어휘를 만들게 된다. 가령《르네상스의 보다 어두운 면》의 틀을 이루고 있는 '포스트 서양주의postoccidentalism'와 같은 용어는 탈식민주의와 같은 유럽의 식민주의 이론을 벗어나 라틴아메리카의 상황에 맞는 현상을 연구하기 위해 사용된다. 이렇게 라틴아메리카에 맞는 새로운 역동적 사고는《지역 역사, 전 지구적 계획*Local Histories, Global Designs*》(2000)에서 더욱 분명해진다. 이 비평서에서 미뇰로는 엘리트와 하위 주체 지식 사이의 초국가적 의사소통을 위해 '경계 인식Border Gnosis'이란 개념을 발전시킨다.

6. 여성주의 비평과 그 성과 — 마시에요, 소머, 프랑코

1980년대 이후 여성 작가들의 급부상은 종종 '포스트붐 소설'의 핵심 요인으로 설명된다. 그러나 여기서 주지해야 할 것은, 라틴아메리카에서는 여성이 교육을 받을 기회가 막혀 있었기 때문에 현대 라틴아메리카 여성 문학은 최근까지 대부분 상류층에만 한정되었다는 사실이다. 베네수엘라의 테레사 델라 파라Teresa de la Parra(1889-1936), 칠레의 마리아 루이사 봄발María Luisa Bombal(1910-1980), 멕시코의 엘레나 가로Elena Garro(1920-1998), 멕시코의 로사리오 카스테야노스Rosario Castellanos(1925-1974), 브라질의 클라리시 리스펙토르Clarice Lispector(1925-1977)는 교육을 받을 수 있는 계층이었고, 교육을 통해 문학작품을 생산하고 여성들이 처한 한계를 비판하는 글을 쓴다. 라틴아메리카 페미니즘 비평에서는 이런 작가들의 작품들을 회복하는 것이 주요 관심사 중의 하나를 이룬다. 그런 관심의 일환으로 라틴아메리카 여성 지식인들에게 가장 암울한 시기라고 여겨지는 19세기 여성 작가들의 작품을 회복하고 지키기 위한 의미 있는 시도들이 이루어진다.

프란시네 마시에요Francine Masiello의 비평서 《문명과 야만 사이*Between Civilization and Barbarism*》(1992)는 아주 훌륭하게 이런 시도를 보여 준다. 그러나 라틴아메리카의 페미니즘 비평은 단순히 잊혀 있던 여성 작품을 회복하려는 계획에 머무르지 않고, 민족주의와 인본주의 문학사의 근간을 이루는 남성적 규범이라는 주제를 대체하면서 이론에 바탕을 둔 기록 연구로 나아간다. 즉 남성 중심적인 기존의 역사 속에서 여성 작가들의 작품은 가부장적 가치를 배척한다는 이유로 소외되거나, 젠더 규범에 대한 도전을 용납하지 않는 남성적 규칙을 적용받았다는 것을 밝힌다. 이런 여성의 글쓰기 전통을 되찾고 복원하는 일은 문학 정전의 구성과 그런 정전이 채택하고 유지하는 집단적 가치를 다시 생각한다는 것을 의미한다.

현재까지 아마도 여성적 관점에서 기존의 문학 정전에 의문을 던져 재고하도록 만든 가장 영향력 있는 비평서는 도리스 소머Doris Sommer가 19세기와 20세기 초 소설을 분석한 《토대 소설들*Foundational Fictions*》(1991)일 것이다. 이 비평서는 19세기와

20세기 초의 역사적 낭만소설에 나타난 민족주의 담론을 여성이라는 토대 위에서 밝히는 것으로 중요할 뿐만 아니라, 그동안 무시되었던 《아말리아*Amalia*》와 《마리아*María*》와 같은 19세기 문학작품을 새롭게 연구할 수 있는 관점을 제공해 준다. 이 책에서 소머는 국가 형성 시기 동안의 기존 정전에 접근하여, 어떻게 멜로드라마와 가족의 로맨스가 가부장적 규범에 바탕을 둔 사회적 통일성이라는 상상적 계획을 설정하는지를 폭로한다. 이런 작품들에서 젠더의 역동성 — 상이한 사회적 그룹 출신의 인물들의 결혼 — 은 라틴아메리카 사회의 미해결된 이종성을 감추고 있다. 그런 현상을 파헤치면서 소머는 문학 정전의 구성에서 젠더 분석이 중심을 이루고 있음을 보여 준다.

여성주의 작품들이 지닌 정치성에서 보듯이, 젠더 관점에서 문학 정전을 재서술하는 일은 흔히 사회적 동인으로서의 여성의 출현과 연결된다. 이런 경향은 남아메리카의 군사독재와 중앙아메리카의 내전이 벌어졌던 1970년대와 1980년대에는 가시화될 수 없었지만, 이후 아르헨티나와 우루과이와 칠레의 여성 조직들은 군사정부를 비판하는 핵심으로 자리 잡았다. 또한 중앙아메리카에서 게릴라 조직의 여성들, 특히 니카라과에서 혁명을 성공시켰던 산디니스타 혁명은 여성 작가의 작품을 포함하여 젠더의 문제를 새롭게 부각시켰다.

아마도 그 어느 비평가보다도 영국학자인 진 프랑코Jean Franco가 이런 현대 사회사가 제공한 라틴아메리카 문학을 페미니즘 관점에서 폭넓게 서술했다고 평가될 수 있다. 라틴아메리카 문학의 주요 학자 중의 하나로 여겨지는 프랑코의 작품은 많은 영향을 끼쳤으며 앙헬 라마의 작품처럼 몇 마디로 종합하기 힘들다. 그녀의 초기 작품에는 라틴아메리카의 지식인 연구와 라틴아메리카 문학사가 포함된다. 1970년대에 들어서 프랑코는 라틴아메리카 문학에 대한 종합적 지식과 정치사와의 관계를 통해 붐 작가들을 재검토하며, 라틴아메리카 지역 및 국제 시장에서 문학의 위치가 어떻게 변화했는지 연구한다. 1980년대에 그녀는 남아메리카의 군사정부가 자행한 여성에 대한 체계적 고문과 잔인한 처사를 고발하는 일련의 강력한 글을 출판한다. 이런 글에서 프랑코는 독재 체제에서도 젠더의 힘은 공적인 영역과 저항의 가능성까지 변형시켰다는 것을 보여 준다.

1989년에 프랑코는 《계획적 여인*Plotting Women*》을 출판한다. 이 책은 멕시코의 여성 글쓰기에 대한 매우 중요한 연구이다.

《계획적 여인》은 어떻게 민족문학의 정전들이 그동안 배제되었던 젠더의 관점에서 재평가될 수 있는지를 보여 주는 대표작이라는 점에서 아직도 상당한 영향력을 발휘하고 있다. 라틴아메리카 페미니즘 비평의 발전에 있어 프랑코의 가장 큰 공헌은 가부장적 사회에서 여성의 종속만으로는 억압된 다른 그룹들의 효과적인 대표자가 될 수는 없다는 주장을 한 것이다. 그래서 프랑코는 항상 페미니즘 분석을 다른 지배적이고 특권적인 비평, 즉 인종성이나 사회계급이나 성적 정체성과 연결시킬 필요가 있다고 단언한다. 여성의 종속이 이런 주제와 함께 다루어질 때 비로소 억압받는 그룹의 대표가 될 수 있다고 지적한다.

7. 동성애 연구 — 호세 키로가의 새로운 지평

여성 지식인과 더불어 라틴아메리카에는 매우 중요한 게이와 레즈비언 지식인들이 있었다. 테레사 델라 파라, 쿠바의 호세 레사마 리마José Lezama Lima(1910-1976), 쿠바의 리디아 카브레라Lydia Cabrera(1899-1991), 멕시코의 살바도르 노보Salvador Novo(1904-1974)와 하비에르 비야우루티아Xavier Villaurrutia(1903-1950) 등이 여기에 속한다. 하지만 최근에 들어서야 비로소 그들의 작품은 그들의 성과 연결되어 연구되기 시작한다. 아르헨티나의 마누엘 푸익Manuel Puig(1932-1990), 쿠바의 레이날도 아레나스Reinaldo Arenas(1943-1990), 우루과이의 크리스티나 페리 로시Cristina Peri Rossi와 같은 유명 작가들이 성적 정체성을 테마화했고 멕시코의 루이스 사파타Luis Zapata의 《로마 지역의 뱀파이어*El vampiro de la Colonia Roma*》(1979)와 같은 대중적인 작품들도 게이 글쓰기에 관심을 환기시킨다.

하지만 페미니즘과 더불어 동성애 연구의 출현은 대부분 게이와 레즈비언 정치 조직에 부응한 것이었으며, 성적 정체성을 포함하는 문화사를 생산하기 위한 게이와 레즈비언 지식인들의 노력이 있었기에 가능했다. 유명한 예는 멕시코의 비평가 카를로스 몬시바이스Carlos Monsiváis와 호세 호아킨 블랑코José Joaquín Blanco, 혹은 아르헨티나의 시인이자 에세이스트인 네스토로 페를론게르Néstor Perlongher 등의 작품에서도 발견된다. 또한 동성애 연구가 활력을 띠게 되는 것은 남성성과 여성성의 정의가 필수적으로 이성애와 동성애의 정의와 교차한다는 것을 의식한 페미니스트들에게서도 기인한다. 여러 방법으로 이런 성 연구는 전통적인 문학사가 남성, 특히 문화의 주인공으로 유럽적이며 이성애적인 남성 작가로 이루어지고 있다고 바탕에 의문을 제기하는 페미니즘 계획으로 확장된다.

호세 키로가José Quiroga의 《욕망의 열대*Tropics of Desire*》(2000)는 동성애의 관점에서 라틴아메리카 문학을 가장 통찰력 있게 살펴본 비평서이다. 이 책은 비야우루티아, 레사마 리마, 그리고 쿠바의 편집자 호세 로드리게스 페오José Rodríguez Feo와 같은 유명한 지식인을 다루고 있다. 이 작가들은 모두 20세기 초에 놀라울 정도로 솔직하게 동성애를 실천하며 살았던 사람들이다. 그러나 키로가는 이런 작가들이 성을 통해서만 자신들의 정체성을 이루는 것은 아니라고 주장한다. 하지만 《욕망의 열대》에서 그의 계획은 위대한 게이와 레즈비언 작가들을 통해 반反정전을 만들려는 것이 아니었다. 대신 키로가는 모든 고정된 정체성을 훼손시키는 모호성의 관점에서 비야우루티아, 레사마 리마와 같은 인물들의 동성애를 어느 정도만 인정한다.

이런 의미에서 《욕망의 열대》는 라틴아메리카 게이 문학의 이론을 만들려는 것이 아니라, 성이라는 범주를 통해 문화를 정의 내릴 수 있는 가능성에 의문을 제기한다. 인간의 정체성을 근대적 관점으로 이해하는 데 매우 중요한 '성'은 사회적 주체를 규정하는 영속적이고 고정적인 범주로 이해되어서는 안 된다. 성을 통한 정체성 형성이라는 기존의 형식을 파괴하려는 이런 노력으로 말미암아, 《욕망의 열대》는 퀴어 이론 영역 중에서 라틴아메리카 문학 연구 계획을 형성하기 위한 가장 정교한 시도 중의 하나로 자리 잡는다. 퀴어 이론은 모호한 성적 정체성을 통해 본질주의를 전복시키고 모든 형태의 배제와 지배에 저항하는 모델이 된다. 그러나 어떤 종류의 문화정책이 인종과 성과 계급의 복잡한 교차를 통해 만들어질 수 있느냐는 불분명하다.

8. 다양한 접근 시각이 갖는 의미

지금까지 간단하게 살펴본 라틴아메리카 문학 접근 방법은 그 어떤 문학사도 순진하거나 중립적이라고 여겨질 수 없다는 사실을 잘 보여 준다. 모든 비평가들은 선입관이나 그들만의 의제agenda를 가지고 있다. 그래서 식민지의 비평가들이 주변 국가와 관련된 문화에 대한 시선을 고정할 때는 윤리적인 문제가 대두될 수밖에 없다. 마찬가지로 서양의 영향을 받은 정전을 서둘러 해체할 경우, 주변성에 바탕을 둔 새로운 대안적 정전이

고유 가치가 떨어지는데도 그것을 정전으로 만들 위험도 마찬가지로 존재한다.

'붐 소설'에 대해 현재 상업적이고 국제 정치적 현상에 불과하다는 비판이 일고 있지만, 그것은 실제로 일어난 현상이며, 여기서 언급된 주요 비평서들은 라틴아메리카 소설이 국제적 위상을 획득하지 못했다면 탄생될 수 없었을 것이다. 라틴아메리카 소설의 역사는 불가피하게 정치와 연결되어 있지만 몇몇 문학 경향이나 작가에 대해 치중하는 현상은 단순히 취향의 정치적 구성과 관련되어 있는 것이 아니라, 다른 작가들보다 그런 작가들을 읽게 만드는 활력과도 연관을 맺고 있음을 부인할 수 없다.

어쨌거나 라틴아메리카 문학을 보는 눈에는 주류라는 것이 있고 이 장은 그런 주류 비평에 바탕을 두고 있다. 하지만 앞으로 현재의 비주류 문학에 관심을 쏟는 통일성 있는 문학사가 생산될 가능성도 있다. 이런 점에서 여기에서의 논의는 현재의 현상을 보여 주는 것이지, 라틴아메리카 문학 비평의 미래에 대한 결정적인 것은 아니라고 말할 수 있다. 하지만 적어도 어떻게 라틴아메리카 소설이 국제적으로 인정받을 정도로 성장하게 되었고, 그것이 어떤 비평을 낳았는지를 보여 주는 합당한 초상은 될 수 있을 것이다.

VII. 카리브해 지역의 '혼종성' 연구 방법

1. 카리브해 지역은 통합적으로 다뤄질 수 있는가

카리브해 지역은 카리브해의 도서島嶼를 포함하여 중앙아메리카와 남아메리카의 대서양 연안국을 포함한다. 주요 국가로는 쿠바, 아이티, 도미니카 공화국, 과테말라, 온두라스, 엘살바도르, 니카라과, 파나마, 콜롬비아, 베네수엘라, 가이아나, 수리남이 있으며, 프랑스령 가이아나, 과들루프, 푸에르토리코와 같은 수많은 자치령과 속령들이 있다. 이런 인위적인 정치적 국경 못지않게 인종과 언어도 다양하다. 원주민, 흑인, 백인, 동양인들 사이에서 태어난 각종 혼혈인들이 공존하며, 언어도 스페인어, 영어, 프랑스어, 네덜란드어, 크레올어를 사용한다.

이렇듯 혼란스럽고 다양한 카리브해를 떠올릴 때면, 우리는 환상적인 해변과 그곳에 기원을 둔 레게나 살사와 같은 음악이나 춤을 떠올리며 낭만에 젖는다. 하지만 그곳의 문학과 문화를 연구하는 사람들에게는 낭만의 대상이 아니라, 식민주의 속에서 왜곡된 역사와 사탕농장에서 노동력을 착취당했던 흑인 노예, 지금도 계속되는 불안한 정치적 상황과 혁명, 그리고 보다 나은 삶을 찾아 조국을 떠나야 했던 카리브해인들의 지난한 역사이다.

카리브해는 콜럼버스가 가장 먼저 발견한 지역이지만, 아이러니컬하게도 그곳의 문학과 문화는 라틴아메리카에서도 가장 연구가 이루어지지 않은 분야이며, 따라서 세계사적 관점에서는 말할 필요도 없다. 아마도 이것은 라틴아메리카 문학·문화사 기술을 지배해 왔던 자유주의 방법론의 문제에 기인하는 것 같다. 즉 식민주의 유산인 자유주의 문학사 기술은 라틴아메리카 대륙을 스페인어권과 포르투갈어권에만 한정시키면서, 영국이나 미국 혹은 프랑스가 정복하고 통치했던 지역을 무시하고 있었던 것이다. 다시 말하면 비스페인어권 카리브해 국가들 역시 스페인어권 국가들과 '동일한 자궁'에서 태어났지만 그들은 '머나먼 조카' 취급을 받았던 것이다.

카리브해 지역은 국가적 경계나 언어적 경계, 혹은 인종적 경계가 반드시 문화적 경계와 일치하지 않음을 보여 주는 대표적인 지역이다. 그래서 20세기 중반부터 카리브해의 문화 연구자들과 사회과학자들은 이런 식민지적 역사 기술을 문제시하면서 이 지역의 문화/문학적 관점을 재정립하려고 노력한다. 그러나 20세기 전반만 해도 국가 중심주의 혹은 언어 중심주의 전통에 바탕을 둔 사회과학자들과 언어학자들은 이 지역을 통합적으로 보는 관점을 회의적으로 받아들이고 있었다. 그런데 뜻밖에 이런 통합적 관점은 사회과학자들이 카리브해 지역의 기반을 이루고 있던 사탕수수 대농장 제도가 국가적 경계와 언어적 경계를 막론하고 동일한 주기로 대체되었음을 확인하면서 본격적으로 설득력을 띠기 시작한다.

이런 사회 · 정치적 요인은 사회과학뿐만 아니라 카리브해 문학/문화의 통합적 관점을 논의하는 출발점을 이루었으며, 이런 통합적 관점에 대한 관심은 50년대 많은 문학/문화 비평가들을 동요시켰다. 자메이카의 비평가 조지 로버트 코울사드

George Robert Coulthard는 이런 관심을 가장 먼저 표명한 사람 중의 하나이다. 그는 "하나의 카리브해 문학이 존재하는가, 아니면 단지 카리브해에서 씌어진 문학만이 존재하는가?"라는 질문의 형태로 문제를 제기한다. 동일한 시기에 호르헤 마냐츠 Jorge Mañach는 보다 구체적으로 카리브해 국가들의 문학 속에 "통합성, 적어도 지역적 동질성"이 존재하는지 질문을 던진다. 즉, 지리적 개념을 넘어선 이 지역의 문학적 공통분모가 무엇이냐는 것이었다. 한편 쿠바의 호세 안토니오 포르투온도José Antonio Portuondo는 "아메리카의 지중해"라고 부르는 지역의 특정 문제들에 대한 문학인의 입장을 천명하는 방법으로 20세기 전반에 카리브해 문학을 지배했던 주제들을 연구했다. 그리고 50년대 말 자크 스티븐 알렉시스Jacques Stephen Alexis는 처음으로 체계적인 형태로 지역별 문화를 총체적으로 접근할 수 있는 가능성을 암시했다.

이런 문학 비평가들이 제기한 1950년대의 관심은 카리브해 문학을 연구하기 위해서 우선 '통합성'의 개념에 도달해야 한다는 것을 전제로 삼고 있었다. 익히 상상할 수 있는 것처럼, 이런 시도는 체계 부족으로 만족할 만한 성과를 거두지 못했다.

이 지역을 이해하는 데 필요한 근본적인 공통 개념들조차 생각하지 못했기 때문이었다. 가령 코울사드는 "역사적 과거, 인간적인 분위기, 동식물군, 경치와 기후 조건의 유사성"이라는 직관적이고 감정적인 애매한 말로 정의를 내린다. 여기서 우리가 특히 눈여겨볼 것은 스티븐 알렉시스의 주장이다. 그는 아이티의 상황을 출발점으로 삼아서 타이노 원주민, 흑인, 프랑스의 세 문화가 공존하며, 이런 다양한 문화의 혼합은 국민문화보다 상위 단계를 구성하는 지역문화의 형성 원칙임을 밝힌다.

하지만 스티븐 알렉시스의 의미 있는 혼종 사상은 즉각적으로 수용되지 않는다. 문학 비평가들과 작가들, 그리고 문화 생산자들은 계속해서 국가적 경계 속에 갇혀 20세기의 카리브해 문학을 연구하는 데 전념했던 것이다. 그러나 아주 특별한 예외가 존재하는데, 특히 자메이카 문학을 구체적으로 연구했던 에드워드 카마우 브레스웨이트Edward Kamau Brathwaite가 대표적이다. 브레스웨이트는 식민주의적 문학관을 벗어나 카리브해 문학의 통합적 관점을 추구하면서, 《칼리반》이란 잡지를 통해 이런 카리브해의 문학관을 확산시키려고 노력했다.

한편 '통합적 관점'의 개념에 대한 합일성을 도출하지 못했지만, 이 지역을 알리려고 많은 학자와 문학인들이 노력했다. 영어권에서는 앤드루 설키Andrew Salkey, 실비아 윈터Silvia Wynter, 재클린 케이Jacqueline Kaye, 샌드라 드레이크Sandra Drake, 프랑스어권에서 마리즈 콩데Maryse Condé, 릴리안 케스틀루Lillian Kesteloot, 기 르빌랭Guy Levilain, 르네 드페스트르René Depestre, 장 프리스 마르스Jean Price-Mars, 자크 셰브리에Jacques Chevrier, 그리고 스페인어권에서는 리사 다비스Lisa Davis, 호세 루이스 산체스José Luis Sánchez, 도리스 소머Doris Sommer 등을 들 수 있다. 이들은 20세기 카리브해 문학을 탈식민지적 관점으로 바라보려고 했지만, 불행하게도 식민지의 유산인 언어권에 의거하여 접근하는 모순을 범한다. 이렇게 식민 유산인 언어적 정체성에 의거하여 이 지역을 세분했지만, 그동안 무시되어 왔던 이 지역의 문학과 의식을 널리 알리는 데 성공했음은 높이 평가할 만하다.

이런 식민주의 유산인 정치적 국경과 언어적 국경에 바탕을 둔 관점은 1970년대 말에 들어와 본격적으로 문제시된다. 즉 미국과 유럽의 전통적인 문학사 서술의 한계를 극복하고 카리브해의 유기적 문학사의 기초가 마련되는 것이다. 이들은 다음과 같은 네 가지 분야에 관심을 표명하면서, 앞으로 카리브해의 문학과 언어가 어떻게 연구되어야 하는지 방향을 제시한다. 그들의 논점을 요약하면 다음과 같다.

1) 언어의 문제. 표현 매체로서의 언어는 카리브해 지역들을 분리시켰고, 이 지역의 식민지적 관점을 영속화시켰다. 한편 서구 언어와 원주민 언어의 혼합인 '크레올'은 카리브해 지역의 문화적 특징인 혼종성을 보여 줄 뿐만 아니라, 그 안에 내재한 전통과 저항의 의미를 띤다.

2) 정체성의 개념. 정체성은 영원하고 고정된 것이 아니라 과정과 역동적인 것으로 고려되어야 한다. 정체성은 또한 역사적으로 발전되며 구체적 개념을 획득하는 민중 개념과 관련이 있다. 그리고 역사적 의미에서 정체성은 국민국가의 형성뿐만 아니라 이 지역 공동체의 개념과 연관된다.

3) 정치와 문화의 관계. 특히 '크레올'에 대한 개념을 중심으로 전개되는데, 그 의미는 ① 언어, ② 미학적 · 문화적 범주, ③ 국민 의식의 발전과 그것이 필요로 하는 정치 구조의 형성이라는 범주의 세 가지 측면에서 다루어져야 한다.

4) 이주의 문제. 특히 경제 종속과 제국주의가 이식한 구조로 인해 생긴 런던, 파리, 뉴욕과 같은 대도시로의 이주가 점검된

다. 정치 불안과 열악한 경제적 조건으로 생긴 카리브해의 디아스포라는 아이러니컬하게도 통합의 감정을 발전시키는 조건이 된다. 이국땅에서 모든 카리브해 사람들은 동일하게 보이기 때문이다. 즉 계급적 · 인종적 · 국가적 차이 없이 모든 사람은 처음으로 대도시에서 하나의 카리브해인이 된다.

하지만 카리브해 국가들의 문화 · 문학적 공통점은 1980년대까지 피상적으로 논의되다가, 카리브해 문화의 중심을 쿠바에 두고 그곳 문화의 특성을 연구한 구스타보 페레스 피르마트Gustavo Pérez Firmat에 의해 다시 공론화된다. 《쿠바의 조건》(1989)에서 그는 20세기 쿠바 문학을 언급하면서, 쿠바의 민속학자 페르난도 오르티스Fernando Ortiz의 생각에 바탕을 두고 쿠바와 카리브해의 문화의 본질을 보여 주는 네 가지 개념을 확인한다. 그중의 첫째는 다양한 문화들이 거의 동시에 유입되면서 생기는 '문화 횡단 현상transculturation'이고, 둘째는 쿠바와 카리브해인이 누구인가에 대한 자의식 개념을 보여 주는 '쿠바성/카리브해성'이다. 그리고 '멜팅 포트melting pot' 개념인 여러 종류의 재료가 뒤범벅된 '아히아코' 요리가 그가 주장한 세 번째 개념이고, 마지막으로 쿠바 혹은 카리브해의 독특한 단어 사전인 '카타우로'를 언급한다.

페레스 피르마트의 이런 생각은 어떻게 다양한 외국의 문화들이 쿠바 혹은 카리브해 문화/문학으로 통합되는지를 연구할 수 있는 뼈대를 제공한다는 점에서 중요하다. 현재는 쿠바에 살고 있는 사람들에게는 소련의 문화, 그리고 쿠바와 카리브해 망명자들에게는 미국 문화의 흡수·통합 현상으로 확장되고 있다. 이런 일련의 노력들로 말미암아 카리브해의 문화/문학 연구는 유아적 단계에서 벗어나 성숙한 단계로 나아가고 있다. 이제 카리브해 문학은 이제 도서島嶼에 국한되지 않고 라틴아메리카라는 대륙의 문학에 통합되었을 뿐만 아니라, '혼종성'으로 대표되는 현대의 세계 문학과 문화가 카리브해로 눈을 돌리게 만드는 계기를 마련해 준다.

2. 카리브해의 탈식민주의와 혼종성

20세기 후반 서구의 학술적·정치적 담론은 혼종성hybridity, 문화 횡단transculturation, 문화 혼합cultural mestization, 이종성heterogeneity, 크레올화creolization, 호미 바바Homi Bhabha의 '제3의 공간', 에두아르 글리상Edouard Glissant의 '관계의 시학'과 같은 용어들을 통한

'차이'에 대한 연구라고 해도 과언이 아니다. 또한 이런 용어들은 최근의 탈식민주의적 핵심 개념인 '경계 넘기crossing border', '중간자in-between'의 근간을 이루고 있기도 하다. 에드워드 사이드가 《오리엔탈리즘》에서 '타자'에 관한 유럽 지식의 계보를 보여 준 이후, 가야트리 스피박Gayatri Chakravorty Spivak, 호미 바바, 혹은 라나지트 구하Ranajit Guha와 같은 인도 학자들, 아이자즈 아흐마드Aijaz Ahmad를 비롯한 아랍 학자들, 그리고 월터 미뇰로나 존 베벌리로 대표되는 라틴아메리카 하위 주체 연구 그룹Subaltern Studies Group은 이 이론을 따르고 발전시키게 된다. 익히 알려져 있나시피, 이런 이론들은 어떤 절대적인 체게나 진리, 혹은 고정된 중심도 거부하고 해체하는 방법론을 취하면서, 서구 담론이 지닌 근본적인 세계관에 이의를 제기하고 그것을 해체함으로써 새로운 사색의 길을 열어 놓고 있다.

이렇게 인문과학과 사회과학 특히 탈식민주의와 포스트모더니즘에서 패러다임이 변하면서, 서구의 관심은 문화에 초점을 맞추게 되고, 그것들을 '지역성'에 얽매인 것이 아닌 유동적이고 변하는 것으로 정의한다. 그러면서 아메리카 대륙은 '혼종성'에 많은 관심을 기울이게 된다. 이 용어가 지역성을 탈피하는 의미를 지니고 있지만, 아이러니컬하게도 지역에 따라 다른 용어로 불린다. 미국에서 혼종성은 '다문화주의'로 이해되며, 라틴아메리카에서는 '혼혈성', 그리고 카리브해에서는 '크레올화'로 불린다.

앞에서 언급한 용어들은 지리적·문화적·언어적 경계를 넘는다는 공통점을 지니고 있다. 이런 경계는 여러 이유로 존재하지만, 가장 분명한 것은 식민주의의 역사적·문화적·정치적 유산 때문이다. 이것은 특히 식민제국들이 자신들의 문화와 언어를 남긴 카리브해 국가들에서 잘 드러난다. 호미 바바는 이런 피식민 주체의 정체성을 중간자로 보고, 그 중간자는 혼종성과 모방 개념이라는 두 가지 전략을 가지고 식민제국의 정형화에 대항한다고 설명한다. 즉 이런 피식민 주체가 식민담론을 모방하지만 그것은 완전히 동일하지는 않는 차이를 지니고 있으며, 따라서 항상 경계에 서 있는 불안한 주체이며 양가적 정체성을 지닌다는 것이다.

이렇듯 탈식민주의의 핵심 개념인 혼종성은 계몽 시대 이후를 지배했던 위대한 이분법—문화/자연, 이성/감정, 자아/타자—뿐만 아니라, 식민역사에서 탄생하는 이분법—식민자/피식민자, 이주자/원주민, 능동/수동—에서 자유롭다. 그리고 신식민주의적 권력의 재생산을 거부하는 전략이 되면서 과거의 잃어버린 목소리를 되찾으려고 노력하는 문화적 저항의 진정한 형식이 된다. 그러나 식민주의적 '역담론'의 전형적 전략인 혼종성은 정치적·사회적 헤게모니와 연결될 수도 있다. 탈구조주의, 탈식민주의, 포스트모더니즘은 '혼종성'을 헤게모니의 해체로 보고 있지만, 혼종성이 태동되었던 카리브해의 역사를 보면 반드시 그렇지는 않다는 것을 확인할 수 있다.

여기서는 혼종성 담론이 정치적으로 유럽화와 백인화를 지향하고 있었다는 사실을 지적하기 위해, 쿠바의 혁명가이자 시인인 마르티가 발전시킨 '우리의 혼혈 아메리카'의 혼종성 담론을 간단하게 언급한 이후, 20세기의 몇몇 주요 라틴아메리카 지식인들—호세 바스콘셀로스, 로베르토 페르난데스 레타마르, 앙헬 라마—이 어떻게 혼종성 담론의 패러다임을 재구성하고 있는지 살펴보고자 한다. 그리고 마지막으로 문화적 혼성이 권력의 전략으로 사용되고, 가끔씩은 사회 주변부 내에서 반체제와 저항으로 작용하고 있음을 지적하는 모렐로스의 학술적 작업을 언급하고자 한다.

3. 카리브해 혼종성 — 볼리바르 이후의 민족주의 담론

라틴아메리카 역사를 탈식민주의 관점에서 연구하는 영국사학자 피터 흄Peter Hulme은 에드워드 사이드를 비롯한 다른 탈식민주의 이론가들이 카리브해 지역에 관심을 두지 않았다는 사실을 비판하면서, 탈식민주의 이론의 진정한 선구자들은 라틴아메리카 작가들, 특히 카리브해 작가들이라고 주장한다. 그러면서 프란츠 파농Franz Fanon, 에메 세제르Aimé Césaire, 에두아르 글리상Edouard Glissant, 페르난도 오르티스Fernando Ortiz, 로베르트 페르난데스 레타마르Roberto Fernández Retamar 등을 대표적인 예로 든다. 카리브해 지역은 라틴아메리카에서 원주민이 완전히 학살되었던 유일한 장소였고, 이것은 토착주의를 강조하지 않는 반식민주의적 담론의 등장을 용이하게 해 주었을 뿐만 아니라, 사이드와 바바를 비롯한 탈식민주의자들이 주장하는 혼종 공간을 현실 속에서 보여 주는 곳이다. 카리브해 지역에서 유럽중심주의의 산물인 순수성과 기원을 거부하는 '문화 횡단'이나 '칼리반', '혼혈성'의 개념이 나온 것은 우연이 아니었던 것이다.

스페인이 신세계 정복을 시작한 이후, 스페인어권 카리브해 연안 국가들은 스페인 문화, 원주민 문화, 아프리카 흑인 문화의 서로 다른 특성들이 합류하여 혼합된 땅이라는 변별적 특징을 지니고 있다. 카리브해의 혼종성 논쟁과 이론의 계보는 셰익스피어가 사용한 '칼리반'과 '고귀한 야만'의 개념으로 거슬러 올라갈 수 있다. 그러나 카리브해, 보다 넓게는 라틴아메리카에 관한 혼종성 담론은 19세기 독립과 국가 형성 시기에 스페인 식민 권력과 투쟁하면서, 여러 상이한 인종 그룹을 재편하기 위해 탄생된다. 이렇게 스페인 식민지에서 새로운 공화국으로 가는 전환기를 이끌었던 시몬 볼리바르Simón Bolívar와 호세 마르티José Martí를 비롯하여, 새로운 국가 건설을 명제로 삼고 있던 멕시코의 호세 바스콘셀로스와 쿠바의 로베르도 페르난데스 레타마르는 민족주의적 관점에서 혼종을 바라본 대표적 지식인들이다.

볼리바르가 1815년 자메이카에서 보낸 편지와 4년 후 앙고스투라Angostura의 베네수엘라 의회에서 읽은 연설문은 라틴아메리카 혼종성을 최초로 민족주의적 관점에서 언급한 자료로 여겨지고 있다. 먼저 〈자메이카에서 쓴 편지〉(1815)에서 볼리바르는 당대 식민지의 조건에 관해 자메이카의 총독에게 답하면서, 라틴아메리카의 혁명적 노력을 자세하게 설명하고 있다.

그는 아메리카 대륙을 세상에서 가장 큰 "단 하나의 국가"로 만들겠다는 꿈을 꾸고 그런 꿈이 위대하다고 말하지만, 크레올 계급 출신의 지도자들이 민족적 · 지역적 자립계획을 세우고 있기 때문에 그 꿈의 실현이 요원하다는 것을 인정한다. 그리고 로마제국처럼 분열되면서 형성된 각각의 독립국들은 과거의 역사 위에 정부를 수립할 수 있었지만, 아메리카는 다르다고 설명하면서 이렇게 말한다.

> 그러나 우리는 과거의 유산을 거의 상실하고 말았습니다. 게다가 우리는 원주민도 아니고 유럽인도 아닙니다. 우리는 이 땅의 합법적인 주인들과 스페인 침략자들의 피가 반반씩 섞인 혼혈입니다. 다시 말하자면, 아메리카에서 태어났지만, 우리는 법적으로 유럽인입니다. 우리는 원주민들과 맞서 이런 권리를 위해 싸워야 하며, 동시에 침략자들과 맞서 우리 자신을 지켜야만 합니다. 이렇게 우리는 극도로 복잡한 상황에 있습니다.

여기서 그는 유럽인과 원주민의 범주를 언급하지만, 볼리바르가 말한 "반반"이라는 말은 인종적 의미보다는 정치적 의미로 이해되어야 한다. 그러면 왜 그들이 합법적인 소유자들과 침입자들 사이의 "극도로 복잡한 상황"에 있는지 그 의미가 파악된다.

이와 같은 생각은 놀랍게도 1819년 2월에 열린 베네수엘라 국회 개막 연설문에서도 그대로 반복된다. 여기서도 그는 라틴아메리카가 더 이상 스페인에 의해 통치될 수 없으며, 그것은 바로 원주민과 유럽인에 맞서 싸워야 하는 '혼혈 종족'이기 때문이라고 주장한다. 볼리바르는 순종의 개념을 버리면서 이렇게 말한다.

> 우리는 유럽인도 아니고 미국인도 아닙니다. 우리는 유럽에 뿌리를 둔 아프리카와 아메리카의 혼혈인입니다. 심지어 스페인조차도 아프리카의 피와 제도, 그리고 특성을 이어받았기 때문에 더 이상 유럽인이 아닙니다. 우리가 어떤 인종에 속하는지는 정확하게 규정할 수 없습니다. 원주민의 대부분은 말살되었고, 스페인 사람들은 아메리카 원주민과 흑인과 혼합되었으며, 아프리카인들은 원주민과 스페인 사람들과 뒤섞였습니다. 우리는 동일한 어머니에게서 태어났지만, 우리의 아버지들은 혈통과 태생이 각각 다른 외국인들입니다. 이런 모든 것은 피부색에서 가시적으로 나타나며, 우리는 이런 다양성이 얼마나 중요한지 알아야만 합니다.

여기서 볼리바르는 라틴아메리카의 구성에서 아프리카인들의 중요성을 인정하고 있으며, 유럽 인종의 순수성에 관해 의문을 던진다. 또한 라틴아메리카인들의 계보에서 원주민 여인의 역할을 인정한다. 그러면서 사회적 · 인종적 혼혈의 라틴아메리카인들은 유럽인들과 차이를 보이며, 따라서 자발적으로 자신들의 운명을 개척해야 한다고 주장한다. 즉, 혼혈이라는 차이성은 자주독립을 위한 투쟁의 조건이라는 것이다.

이렇듯 혼종에 관한 볼리바르의 생각은 스페인 사람과 원주민 여자 사이의 혼혈이라는 초기의 '메스티소' 개념을 극복하고, 그동안 간과되었던 흑인들의 공헌을 인정하는 것으로 발전한다. 아프리카인들을 아메리카인으로 인정하는 이런 볼리바르의 생각은 원주민의 대부분이 말살되어 아프리카-유럽의 만남에 초점을 맞추는 카리브해의 혼종성 담론을 예시하고 있다. 1815년의 〈자메이카에서 쓴 편지〉와 더불어, 카리브해는 혼종성에 대한 생산적이고 사색적인 진원지가 되면서, 혼종성 담론의 중심 지역이자 핵심 지역으로 부상한다.

볼리바르가 혼종성을 찬양했던 19세기 초의 중심인물이라면, 쿠바의 대표적인 지식인인 호세 마르티는 19세기 말에 혼종성을 열렬하게 찬미한 인물로 간주된다. 마르티는 볼리바르를 정신적 스승이자 인종적 계급질서와 차별에 의문을 던지게 만든 모델로 여긴다. 그는 볼리바르에 관한 글에서 "인종을 속박에서 해방시키고, 대륙을 해방시키고, 민족을 일깨우지 않았는가?"라고 물으면서, 그의 독립 계획을 해방의 수사법으로 이해한다. 마르티는 쿠바의 독립전쟁, 특히 10년 전쟁(1868-1878)에서 백인과 흑인이 협력했다는 예를 보여 주면서, "인종 간의 증오는 없다. 그것은 인종들이 없기 때문이다"이라고 주장한다. 또한 볼리바르가 라틴아메리카에서 인종 간의 전쟁은 절대로 일어나지 않을 것이라고 단언한 후 거의 80여 년이 시난 다음, "쿠바에는 인종 간의 전쟁이 일어날 걱정이 없다. 인간은 백인, 물라토, 혹은 흑인 이상이다. 쿠바인이라는 사실은 백인, 물라토, 흑인을 초월하는 것이다. 전쟁터에서 쿠바를 위해 죽으면서, 백인과 흑인의 영혼들은 함께 하늘로 올라갔다. 국가에 충성을 다하고 쿠바를 지키면서 형제애를 나누는 것은 일상적인 일이었다. 그래서 백인 옆에는 항상 흑인이 있었다"라고 언급하면서 인종에 대한 볼리바르의 관점을 그대로 반복한다.

마르티는 카리브해의 경험을 바탕으로 인종을 불문하고 모든 카리브해를 비롯하여 라틴아메리카 사람들에게 미국의 팽창주의적 계획에 저항할 것을 권하기 위해 "우리의 혼혈 아메리카"라는 개념을 사용한다. 그러면서 그는 "맨발로 파리의 연미복을 입은 민족"라고 은유적으로 표현한다. 이 표현에서 알 수 있듯이, 마르티에게 혼종성의 개념은 다양한 인종 그룹들이 불편하게 공존하고 있으며, '야만과 문명'이 부적절하게 혼합되어 있다는 것을 시사한다. 그러나 '맨발'이 상징하는 아프리카인들과 원주민들의 야만과 서구 문명의 인식소인 '연미복'은 인종과 문화의 이분법을 넘어, 라틴아메리카의 불평등과 사회적 부정과 계급화는 인종적 혼종에 의해서만 야기된 것이 아니라, 정치적 관계와 사회계급의 문제에 의해서도 생긴 것임을 시사한다. 그래서 마르티는 '혼종성'의 개념을 인종과 문화와 사회계급으로 확장하여, 스페인에 대항한 쿠바의 독립전쟁에서는 인종적 관용과 사회계급을 막론한 전 국민의 단합이 중요하다는 것을 강조한다. 여기서 인종적 화합은 현실보다 이상에 가깝지만, 그것은 유럽, 특히 마르티가 물질주의에 사로잡혔으며 흑인과 원주민을 배척했다고 비판받는 미국과 대비되어 라틴아메리카 정체성의 강력한 상징으로 자리 잡는다.

민족주의 시대에 카리브해의 혼종성 담론은 흔히 인종 혼합을 통해 '인종'을 개량할 수 있다는 인종차별적이고 유럽 중심적인 사고에 바탕을 두고 있다. 즉 유럽인들과 미국인들이 결과적으로 카리브해/라틴아메리카의 사회를 백인화하고, 원시적인 원주민들을 동화시킬 수 있다는 생각이었다. 하지만 그런 혼종성은 외부의 위협과 내부의 투쟁에 직면한 카리브해 국가들의 중요한 민족 신화로 탈바꿈하면서, 긍정적인 자기 이미지와 특이성을 창조하게 된다. 마르티의 주장이 아직도 카리브해 혼종성 담론의 기초를 이루는 것은 바로 이런 점에 기인한다.

라틴아메리카와 카리브해의 혼종성을 연구할 때 빼 질 수 없는 글이 멕시코의 교육부 장관을 지낸 호세 바스콘셀로스José Vasconcelos의 《우주 인종*La raza cósmica*》(1925)이다. 그는 미국의 물질주의와 그들의 문화적 · 정신적 빈곤을 비판하면서, 우수한 히스패닉의 취향이 결국은 라틴아메리카에서 제5의 인종을 탄생시킬 것이며, 그것은 다른 네 인종(흑인, 백인, 원주민, 아시아인)을 혼합하면서 그들의 현재 위치를 빼앗을 것이라고 지적한다. 마르티와 마찬가지로 그 역시 미국의 라틴아메리카 개입에 관해 깊은 관심을 보이고 있었던 것이다. 이렇게 혼혈로 이루어진 멕시코의 긍정적 이미지를 구성하면서, 바스콘셀로스는 라틴아메리카가 외국인들과 잘 교감하며, 따라서 모든 사람들을 새로운 형태로 변화시킬 수 있다고 주장한다. 그러면서 백인과 흑인과 원주민의 평등을 선언했던 볼리바르와 같은 유명한 지도자들과 마찬가지로 바로 "보편적인 인간의 감정"에서 영감을 받았다고 천명한다.

바스콘셀로스는 멕시코의 힘과 회춘의 원천이 될 혼혈은 강압이 아닌 "취향에 의한 자유로운 선택"에 의해 이루어지는 것이며, 따라서 미래에 유럽의 특성들을 지배하게 될 것이라고 간주한다. 그는 라틴아메리카의 모든 지식인들에게 인류의 "집단적 구원"에 동참할 것을 권하면서, 그것은 그들이 인류의 구원에 필요한 "생물학적 요소와 취향, 그리고 유전인자"를 지니고 있기 때문이라고 역설한다. 즉, 이 새로운 히스패닉 인종에게 다른 사회에서는 흉내 낼 수 없는 보편적인 인류의 시기를 시작할 수 있는 힘이 있다는 것이다. 이전 지식인들처럼 바스콘셀로스는 문화적 의미의 '혼종'을 교화적 사명의 일부로 보았고, 교육을 통해 원주민들을 사회 속에 통합할 수 있다고 믿었다. 그는 스페인적 전통이라는 굳건한 기초 위에 새로운 종족과 새로운 문화를 창조하려고 했으며, '우주 인종'을 통해 혼혈 종족을 옹호하려는 희망을 드러내고 있다.

바스콘셀로스의 '우주 인종'이란 개념은 다양성이 새로운 혼종적인 사회적·문화적 형태를 생산한다는 '멜팅 포트' 개념을 떠올리게 한다. 그러나 미국의 멜팅 포트 이미지가 원주민과 흑인들을 제외한 채 유럽의 이민자들을 주로 다루고 있는 반면에, 바스콘셀로스의 '우주 인종'은 모든 인종을 포함하고 있다는 점이 다르다. 하지만 '우주 인종'의 특징을 결정짓게 될 미학적 대상이 '취향'이라는 점은 그의 이론이 우생학적이며 백인화 과정을 암묵적으로 강조하고 있다는 것을 보여 준다. 다시 말하면 진정한 혼종화보다는 '순수화'를 의미하며, 따라서 미국의 멜팅 포트의 개념과도 상당 부분 유사함을 부인할 수 없다. 이렇듯 바스콘셀로스의 인종 이론과 미학적 이상주의는 많은 문제점을 지니고 있지만 그의 글은 문화적 가치와 자기긍정의 상징으로서 '혼종'의 중요성을 보여 주고 있다.

볼리바르와 마르티가 적극적으로 구현하고자 했던 혼종성은 바스콘셀로스뿐만 아니라 이후의 라틴아메리카를 비롯한 카리브해 국가들의 지성계에도 큰 흔적을 남긴다. 쿠바의 대표적인 비평가이자 시인인 로베르토 페르난데스 레타마르는 "라틴아메리카의 문화는 존재하는가?"라는 어느 유럽 기자의 회의적인 질문에 대한 대답으로 《칼리반*Calibán*》(1971)이라는 긴 에세이를 출판한다. 그는 《칼리반》을 통해 1959년 쿠바 혁명의 관점에서 '혼종성'을 다시 점검하면서, 볼리바르의 앙고스투라 국회 연설문과 마르티의 유명한 〈우리의 혼혈 아메리카〉를 인용한다. 페르난데스 레타마르에게 마르티의 '혼혈성'은 쿠바 혁명 속에서 라틴아메리카/카리브의 정체성을 완전하게 깨닫게 만드는 결정적인 역할을 한다. 즉, 카리브해/라틴아메리카의 정체성에 대한 이런 질문들은 혼종성의 수사학을 발전시키게 되는 동기가 되고, 이내 카리브해 지역의 다양한 요소들에 대한 긍정적인 해답을 제공하게 된다. 다시 말하면, 페르난데스 레타마르의 사상을 태동시킨 이런 의문들은 식민지적 회의주의를 반박하고, 혼종성을 평가하게 만드는 계기를 제공해 주었던 것이다.

그래서 페르난데스 레타마르는 "혼종성은 우연한 사건이 아니라 본질"이며 "우리 문화의 변별적 기호, 즉 인종적 · 문화적으로 말하자면 원주민, 아프리카인, 유럽인들의 후손들의 문화"라고 강조한다. 여기서 페르난데스 레타마르는 다시 '인종'을 문화와 같다고 여기고 있는 것 같지만, 곧이어 나오는 각주에서는 "인종들의 부적절한 생물학적 사실이 아니라 문화들의 역사적 사실이다"라고 분명하게 밝힌다. 그는 마르티가 '혼혈'을 강조한 사실을 지적하면서, 자신이 억압받는 사람들과 함께하고 있다는 사실을 확인한 후, "마르티는 급진적으로 반노예주의자이다. 왜냐하면 그는 수탈된 계급의 대변자이고, 그런 계급 속에서 세 인종은 혼합된다"라고 설명한다. 카리브해 경험을 바탕으로 탄생한 마르티의 의견과 마찬가지로, 페르난데스 레타마르의 칼리반 이론 역시 라틴아메리카의 상상적 공동체를 이루게 된다. '칼리반'이란 기표는 라틴아메리카 지성계에 각인되어, 지성계에 중요한 이정표가 된다.

볼리바르, 마르티, 바스콘셀로스, 그리고 페르난데스 레타마르가 혼종성 사상을 전개한 시기는 모두 국가 건설의 중요한 순간이었다는 공통점을 지닌다. 《탈식민지의 카리브해 지역*The Caribbean Postcolonial*》의 저자인 샬리니 푸리Shalini Puri는 민족주의 시대의 카리브해 혼종성 담론이 크게 세 가지 기능을 수행하고 있다고 지적한다. 첫째, 식민모국 문화와의 변별적 요인으로 신세계의 혼합적 정체성을 연구하고, 그것을 통해 국가와 지역의 합법성을 제공하는 계기가 되었으며, 둘째로는 부르주아 민족주의적 헤게모니를 보장하는 데 중요한 역할을 했던 평등의 담론을 평가하고 대체할 수 있는 방법을 제공했다고 지적한다. 그리고 마지막으로 혼종성 담론은 인종 정책과 밀접한 관련이 있는데, 그것은 엘리트가 수용할 수 있는 문화적·인종적 혼종의 성격을 띠고 있다는 것이다. 이런 이유로 카리브해의 민족주의적 혼종성은 메스티소나 크레올이 특정 시기에 구체화시킨 것으로, 비록 식민주의적 회의주의를 반박하는 데는 성공하고 있지만, 결국 이런 정체성은 '비위협적' 특성을 띠고 있다는 평가를 받는다.

4. 탈식민주의와 카리브해 혼종성 이론 — '문화 횡단' 이론

동질적 관점에서 혼종성을 파악한 민족주의적 관점과는 달리, 카리브해의 국가들에서는 내적인 차이를 유지해야 한다는 탈식민주의적 관점을 지닌 혼종성 개념이 태동한다. 쿠바의 인종학자 페르난도 오르티스가 생물학적 혼종성의 개념을 넘어 특정한 지역의 경제를 바탕으로 '문화 횡단' 현상을 연구한 이후,

그의 이론은 앙헬 라마, 마리 루이스 프라트Marie Louise Pratt를 비롯하여 마리오 로베르토 모랄레스Mario Roberto Morales로 이어지면서 발전된다. 우선 쿠바의 민속학자 페르난도 오르티스는 《쿠바에서의 담배와 설탕의 대위법》(1940)에서 "쿠바의 진정한 역사는 지극히 복잡한 문화 횡단transculturación의 역사다"라고 단언하고 있다.

오르티스는 계속해서 '문화 횡단'이란 용어는 소수 문화가 주류 문화로 완전히 동화하는 과정을 의미하는 앵글로아메리카의 사회학적 용어인 '문화 변용aculturación'에 반대하기 위해 만들어졌다고 설명하면서, 인종들과 문화들의 만남으로 야기된 문화적 변형의 과정은 새로운 혼종을 낳게 되는 '상호 영향'이란 개념으로 더 잘 설명되어질 수 있다고 주장한다. 물론 신대륙의 식민지 통치가 역사 속에서 그러한 '만남'을 광범위하고 지속적으로 제공했던 것이고, 그 중심이 바로 쿠바였다. 쿠바는 식민지의 교차로였으며 신대륙의 주요 항구였기 때문에 아주 다양한 문화의 사람들이 도착한 곳이었다. 수세기에 걸쳐 일어난 문화 횡단의 과정은 너무도 광범위하여 오르티스는 "쿠바에는 쿠바인의 형성에 영향을 끼친 수없이 많고 다양한 문화들이 있다. 기원을 살펴볼 때 그 문화들은 지역적으로 이질적이며, 그들의 특징도 각기 다르다. 그래서 쿠바에서 인종과 문화는 거대한 규모로 혼합되고, 그것은 모든 다른 역사적 현상을 뛰어넘는 중요한 요인이다"라고 주장한다.

그로부터 30년 후, 앙헬 라마는 문학 분야에 이 개념을 이용하면서, 카리브해에 국한되었던 오르티스의 이론을 라틴아메리카 전역으로 확장시킨다. 그는 문화 횡단의 개념을 전통적으로 문화 변용이라는 의미로 사용하고 있었던 라틴아메리카적 관점에 관해 서술하면서, "두 문화의 접촉에서 수동적 혹은 열등한 요소라고 여겨졌던 것에 대한 저항이다. 이 개념은 이중적 인식에서 탄생되었다. 하나는 이미 문화 횡단이 진행된 현대 문화 속에서 아주 오래된 과거 역사의 특징이 존재한다는 것을 확인하는 것이고, 다른 하나는 창조적 힘이 이어받은 전통뿐만 아니라 동시에 외부의 전통에 대해서도 작용한다는 사실을 확인하는 것이다"라고 인식한다. 라마는 문화들 사이에서의 서술적 이행의 형태로 문화 횡단 현상이 함축하고 있는 창조적 가능성에 초점을 맞추고, 1960년대와 1980년 사이에 출간된 라틴아메리카 문학과의 관계 아래서 이런 가능성을 다룬다. 오르티스가 문화 횡단의 가장 좋은 예로 음악과 무용과 같은 행위 담론에 관심을 기울였던 것과는 달리, 라마는 문학이야말로 문화 횡단의 형태를 보여 주는 가장 훌륭한 발판이라고 여겼던 것이다.

이후 문화 횡단은 식민지와 식민모국에서 다양한 형태의 문화들이 상호 영향을 끼친다는 의미로서 라틴아메리카 문화 연구에서 중요한 개념으로 자리 잡는다. 가령 마리 루이스 프라트는 이 용어를 인종학적으로 이해한 후, "지배 문화나 구미의 대도시 문화가 전파한 자료들에서 하위 그룹이나 소외된 그룹이 어떻게 선택하고 만들어내는지"를 설명하기 위해 사용하면서, 오르티스가 사용했던 것과는 다소 다르게 적용한다. 그리고 문화 횡단이란 접점 지역에서 생산되는 현상이라고 지적하면서, 혼종성과 혼혈 이론을 발전시키는 데 대단한 공헌을 했던 '접점 지역contact zone'이란 개념을 만들어 낸다. 프라트는 "지리적, 역사적으로 분리되어 있던 민족들이 서로 접촉하게 되면서, 일반적으로 강압과 인종 불평등과 좀처럼 제어되지 않는 충돌의 조건을 의미하는 지속적 관계를 설정하는 공간"이라고 규정한다. 이런 접촉이 분명히 성적인 접촉을 의미하지는 않지만 혼혈이 접촉의 즉각적인 결과임을 암시하고 있으며, 그런 '지속적 관계'의 산물로 혼혈을 연구하고 있다.

최근 카리브해 연안 국가의 혼종성에 관한 연구는 사회에서 소외된 대중의 출현을 강조하고 있다. 즉, 혼종 담론은 국가 건설과 혼란한 사회의 통일을 강조하던 담론에서 혼종 민중문화에 관한 관심으로 옮겨간다. 물론 계속되는 국내외적 문제와 불평등, 그리고 국가 화합을 위협하는 것으로 간주되는 사회운동의 출현에 직면한 경우, 초기의 민족주의적 패러다임을 강조하는 경우가 완전히 사라지지는 않는다. 현대 라틴아메리카 문화 연구자들은 현대의 '혼종성' 연구가 하위 주체가 아닌 국가 통합의 전략으로서 사용될 경우, 혼종 담론은 엘리트들이 저항 운동을 무력화시키기 위해 사용했던 과거의 모델과 별로 다르지 않을 수도 있다는 것을 자각한다. 바로 여기서 그들은 하위 주체에 관심을 보이게 된다.

이런 하위 주체적 관점에서 접근하는 혼종성 이론은 과테말라의 소설가이자 문화연구가인 마리오 로베르토 모랄레스에게서 잘 드러난다. 그는 20세기 후반에 등장한 마야 부족의 사회운동과 정체성 정책을 보면서 원주민 그룹 안에서 발생하는 이분법적 구성을 비판한다. 그는 마야인-비非마야인이라는 대립 개념은 복잡한 사회현상을 왜곡시킨다고 지적한다. 즉 세계화와 갈수록 중요해지는 대중매체가 혼종적 정체성을 탄생시켰고, 따라서 그 누구도 명확하게 이런 구분을 설정할 수 없다는 것이다. 그리고 모든 것을 이분법적으로 구별하는 과거 회귀적 원주민의 태도는 본질주의적인 지배 계층인 메스티소 혹은 라디노(스페인어를 말하는 혼혈인)의 담론과 차이점이 없다고 주장한다.

이런 맥락 속에서 모랄레스는 혼종성의 개념을 부활시킨다. 그는 혼종 혹은 혼혈을 20세기 전반의 멕시코 혁명 기간 동안 라틴아메리카 귀족 계급이 추구했던 백인화로의 동화로 인식하지 않는다. 대신 혼종이란 본질주의적 정체성의 해체와 상이한 민족문화의 조화로운 공존을 야기할 수 있다고 주장하면서, 계속된 문화 혼합의 과정 속에서 혼종적 성격을 띠게 된 민족문화들 간의 유동적 경계를 강조한다. 그는 이런 새로운 현실을 '다문화'라고 지칭하지만, 그 개념은 "모자이크의 경계가 엄격하게 존재"한다는 것을 함축하고 있다고 비판한다. 그래서 경계의 유지를 의미하는 '차이'와 상호 간의 문화 횡단 현상이 벌어지면서 수많은 형태가 만들어지는 문화적 '혼합'을 구분한다. 또한 그는 문화 혼합이 새로운 국가 정체성의 공통분모이며, "상호문화주의와 상호인종적 민주화"는 이분법적으로 구성된 정체성이 혼종성과 문화 혼합으로 바뀌어야만 가능하다고 결론 내린다.

5. 현대 세계에서의 혼종성의 의미

민족주의 관점에서는 혼종성을 정치적·사회적으로 이용한다. 그러나 현대 문화 연구와 탈식민주의 이론은 혼종성을 새로운 관점에서 다시 읽게 만든다. 허위의식으로서 그것을 해체하는 것을 넘어, 국가 정체성과 정치, 그리고 혼종성 사이에 카리브해 지식인들이 설정했던 복잡한 관계를 점검해 볼 기회를 제공해 주는 것이다. 즉, 새로운 주체의 탄생과 현실의 상징적 구성을 강조하는 탈구조주의적 관점에서 이런 혼종성 담론의 의미를 바라보게 해 준다. 혼종성의 패러다임을 백인과 유럽화된 지배 헤게모니의 도구로서만 바라보는 대신에, 그것을 상이한 이데올로기적 콘텍스트 속에서, 그리고 상이한 입장에서 구성된 여러 방법을 점검해 볼 수 있게 만들어 주는 것이다. 이럴 경우 혼종성 담론은 국가 이데올로기에 반하는 이데올로기로 작용할 수 있을 뿐만 아니라, 동시에 국가 이데올로기를 합법화할 가능성도 있음을 가정해 볼 수 있다. 또한 혼종성 담론은 민족의 정체성 해체를 의미하기도 하지만, 사회적 불평등과 정치문제로 갈가리 찢겨진 채 지구화 경제 속에서 계속하여 뒤처진 채 절룩거리는 사회에서 국가 공동체의 가능성을 강조하는 데 일익을 담당한다는 사실은 부인할 수 없다.

이제 혼종성은 전통적인 인종 문화의 경계나 정치적 이분법을 거부하는 문화적 존재이다. 즉, 인종의 혼합이라는 발생론적 의미에서 벗어나 서로 다른 이질적인 문화들이 서로 만나는 불가피한 지구적 삶에서 그것들을 적극적으로 받아들이면서 그 안에서 자신의 문제를 찾아내는 현재의 문화 전략이다. 이것은 민족국가만을 전제로 한 한국의 문화보다 세계 체제를 전제로 하는 한국의 문화가 필요하다는 것을 보여 준다. 또한 문화적 혼종성의 개념은 지금까지 인종을 중심으로 전개되어 온 한국인의 디아스포라 연구가 앞으로 어떻게 진행되어야 하는지를 보여 주기도 한다. 그리고 수많은 외국인 노동자의 유입으로 인해 생긴 인종적·문화적 혼합을 우리 문화가 어떻게 수용해야 하는지를 보여 주기도 한다. 카리브해에서 집약적으로 나타나는 혼종성이 현재 한국에 사는 우리에게 의미를 갖는 것은 바로 이런 지형도를 예시하기 때문이다.

VIII. 스페인어권 문학상으로 본 라틴아메리카 소설의 현재

스페인어권 국가는 그 수만도 스무 개가 넘으며, 따라서 크고 작은 문학상이 매우 많이 존재한다. 널리 알려진 주요 문학상만도 서른 개가 넘지만, 현대의 많은 문학가들과 연구자들이 가장 중요하다고 평가하는 문학상은 베네수엘라의 '로물로 가예고스 국제소설상'과 스페인의 '세르반테스 문학상'이다. 로물로 가예고스 국제소설상은 특정 작품에 수여되며, 세르반테스 문학상은 특정 작품이 아니라 작가의 모든 작품에게 수여된다. 한편 최근의 스페인어권 문학 흐름을 알기 위해서는 스페인에서 수여하는 '알파과라 소설상'과 '간이도서상'에도 관심을 보여야 한다. 이 두 문학상은 앞의 것들과 비교해 상대적으로 지명도가 떨어지는 것이 사실이지만 현재의 문학을 이끌고 있는 젊은 작가들의 작품을 중심으로 선정된다는 점에서 스페인어권 문학이 앞으로 어떻게 나아갈 것인지 예측할 수 있게 해 준다.

1. 로물로 가예고스 국제소설상

로물로 가예고스 국제소설상은 1964년 당시의 베네수엘라 대통령이었던 라울 레오니Raúl Leoni가 베네수엘라가 자랑하는 소설가 로물로 가예고스Rómulo Gallegos의 작품을 영원히 기리고 라틴아메리카 작가들의 창작 활동을 고무하기 위해 제정하였다. 로물로 가예고스는 라틴아메리카의 대표적인 사실주의 작가로 베네수엘라의 풍경뿐만 아니라 주민들의 관습과 열정과 문제들을 생생하게 묘사한 것으로 유명하다. 그의 대표적인 작품으로는 라틴아메리카 사실주의의 최고봉으로 일컬어지는 《바르바라 여인》(1929)이 있으며, 1947년에는 베네수엘라 대통령 후보로 선거에 출마하여 그해 12월 14일에 당선되었다. 1948년 2월 15일에 정권을 인수받지만 그해 11월 24일에 군사 쿠데타가 일어나면서 실각했다.

로물로 가예고스 국제소설상은 제정 3년 후인 1967년에 처음으로 수상자를 냈으며, 현재 라틴아메리카 대륙에서 가장 명예로운 문학상이다. 이 문학상은 전 세계를 강타한 라틴아메리카의 '붐' 문학이 출현한 시기와 제정 시기가 일치하면서 전 세계의 이목을 집중시켰다. 최초의 세 수상 작가가 '붐'을 대표하는 페루의 마리오 바르가스 요사, 콜롬비아의 가브리엘 가르시아 마르케스, 멕시코의 카를로스 푸엔테스였다는 것이 이를 증명한다. 초기에는 라틴아메리카 소설에 국한하여 수상작을 결정했지만, 1995년 이후 스페인을 포함한 스페인어권 전 지역으로 확대되었으며, 비라틴아메리카 출신의 최초의 수상 작가는 스페인의 하비에르 마리아스Javier Marías이다.

지난 40년간 이 소설상의 선정 과정은 여러 번 바뀌었다. 제1회에는 심사위원들이 13개국의 13명의 비평가로 이루어져 있었지만, 최근에는 4개국의 5명의 비평가로 이루어졌다. 비록 심사위원의 수는 줄어들었지만, 아직도 '국제'라는 이름에 걸맞게 여러 나라의 문인과 학자로 이루어진다는 점은 변함이 없다. 또한 수상 작가가 그 다음 해 심사위원으로 위촉되는 것이 관례였지만, 2005년에는 그런 전통이 깨어지고 만다. 현재 이 소설상의 후보작은 공식 공고가 발표되는 시점을 중심으로 지난 2년 동안에 출판된 스페인어로 쓰인 소설들로 한정된다. 작가의 국적은 상관없다. 심사위원단에서 가장 많은 표를 얻은 작품이 수상작으로 결정되고, 수상식은 로물로 가예고스가 태어난 8월 2일에 열린다. 2005년 현재 상금은 10만 달러이다.

로물로 가예고스 국제소설상의 수상자와 수상작은 다음과 같다.

1967년 마리오 바르가스 요사(페루, 1936-), 《녹색의 집》
1972년 가브리엘 가르시아 마르케스(콜롬비아, 1927-), 《백년의 고독》
1977년 카를로스 푸엔테스(멕시코, 1928-), 《테라 노스트라》
1982년 페르난도 델 파소(멕시코, 1935-), 《멕시코의 팔리누로》
1987년 아벨 포세(아르헨티나, 1934-), 《천국의 개들》
1989년 마누엘 메히아 바예호(콜롬비아, 1923-1998), 《두 야자수가 있는 집》
1991년 아르투로 우슬라르 피에트리(베네수엘라, 1906-2001), 《시간 속의 방문》

1993년 멤포 지아르디넬리(아르헨티나, 1947-), 《기억의 성사》

1995년 하비에르 마리아스(스페인, 1951-), 《내일 전쟁터에서 나를 기억하라》

1997년 앙헬레스 마스트레타(멕시코, 1949-), 《상사병》

1999년 로베르토 볼라뇨(칠레, 1953-2003), 《야만적인 형사들》

2001년 엔리케 빌라 마토스(스페인, 1948-), 《수직 여행》

2003년 페르난도 바예호(콜롬비아, 1942-), 《나락》

2005년 이사악 로사(스페인, 1974-), 《허황된 어제》

이 목록에서 볼 수 있듯이, 이 문학상은 5년마다 수여되다가 1987년을 기점으로 2년마다 수여되고 있다. 여기서 왜 5년에서 2년으로 바뀌었을까 의문이 제기될 수 있다. 지난 40년 동안 이 문학상은 두 번에 걸친 논쟁에 휩싸인다. 첫 번째 논쟁은 1987년에 아르헨티나의 작가 아벨 포세Abel Posse가 수상하면서 시작된다. 아벨 포세 이전에 수상했던 네 명의 작가는 모두 라틴아메리카의 '붐 소설'과 이후 이루어진 '포스트붐 소설' 문학의 대표적 작가들이었기에 거의 논란의 대상이 되지 않았다. 반면에 아벨 포세는 아르헨티나에서는 어느 정도 알려진 작가였지만,

라틴아메리카 대륙 전체에서는 그다지 널리 알려지지 않았고 그의 작품도 문학성이 검증되지 않은 상태였다. 또한 과거의 수상 작품들에 비해 그의 작품이 차지하는 문학사적 의의가 그다지 크지 않은 것도 틀림없는 사실이었다. 그러자 라틴아메리카의 많은 문인들과 비평가들은 아벨 포세가 선정된 것을 강하게 비판하면서 그에게 준 소설상을 철회하라는 압력을 가하고, 결국 이 상을 주관하는 로물로 가예고스 라틴아메리카 연구센터는 결정을 번복하는 대신 2년마다 이 상을 수여하기로 정책을 변경한다.

두 번째 논쟁은 2005년에 이사악 로사Isaac Rosa가 수상하면서 일어난다. 특히 2003년에 페르난도 바예호Fernando Vallejo가 수상한 이후, 우고 차베스 정권이 이 소설상을 폐지할 것이라는 소문이 나돈다. 그러나 베네수엘라 정부는 그럴 일은 없을 것이라고 단언하면서 이런 소문에 종지부를 찍는다. 그러던 중 2005년에 스페인의 이사악 로사가 수상자로 결정되었다고 밝힌다. 하지만 기존의 수상 작품들과 비교할 때 이사악 로사의 작품은 아벨 포세의 경우보다 더욱 문제가 있었다. 그러자 프랑스의 갈리마르 출판사의 비평가이자 편집인인 구스타보 게

레로Gustavo Guerrero를 비롯한 여러 비평가와 문인들은 심사위원단이 차베스가 주장하는 볼리바르 혁명 이데올로기라는 정치적 색채로 가득한 비평가들로 이루어졌고, 카스트로와 차베스의 정치성이 그동안 절대적 자유를 누리며 수상작을 선정했던 기관의 심장부에까지 그들의 깃발을 꽂았다고 비난한다. 즉 심사위원단이 선정 작품의 문학성을 강도 높게 논의하기보다는 차베스 체제에 동조하고 있음을 공개적으로 보여 주는 결정이었다는 것이다. 이런 국제적 여론에도 불구하고, 이 소설상을 주관하는 기관은 여전히 묵묵부답으로 일관하면서 이 소설상의 미래를 불투명하게 만들고 있다.

이런 문제들이 대두되기는 했지만, 로물로 가예고스 국제소설상이 아직껏 라틴아메리카 최고의 문학상이라는 것은 의심의 여지가 없다. 특히 대중성이 아니라 문학성을 높이 평가하는 이 상은 실험적 정신에 입각하여 스페인어권의 현실에 혁신적인 관점으로 접근하는 작품을 선정함으로써 작가들에게 끊임없이 소설을 통한 실험을 자극하고 고무시켰다. 이를 통해 이 상은 스페인어권 소설이 세계 문학의 중심을 차지하게 했을 뿐만 아니라, 계속해서 세계 문학계를 선도하게 만드는 데 결정적인 역할을 하고 있다.

이렇듯 이 소설상의 위치는 세계적으로 매우 중요하지만, 정작 우리 독자들은 이 상을 수상한 작품을 제대로 접할 수 없다. 현재까지 우리말로 번역된 작품은 바르가스 요사의 《녹색의 집》, 가르시아 마르케스의 《백년의 고독》, 그리고 하비에르 마리아스의 《내일 전쟁터에서 나를 기억하라》뿐이다. 이것은 우리의 문학계와 출판계가 로물로 가예고스 국제소설상 수상 작품들이 지닌 실험성을 간과한 채 작품이 어렵다는 이유만으로 기피하거나, 아니면 세계적으로 아주 널리 알려진 1960-70년대의 '붐' 작가들의 작품에만 집착한 채 그 이후의 문학에 눈을 돌리지 않는 현상 때문이라고 사료된다.

2. 세르반테스 문학상

흔히 스페인어권의 노벨문학상이라고 일컬어지는 세르반테스 문학상은 스페인의 가장 유명한 작가인 미겔 데 세르반테스를 기념하기 위해 1974년에 제정되었으며, 스페인어권 문학에 결정적인 공헌을 한 스페인과 라틴아메리카 작가들의 전 작품을 대상으로 한다. 후보들은 스페인 한림원과 라틴아메리카 각국의 한림원, 그리고 지난 수상자들의 추천을 받아 결정된다. 스페인 문화성 주관으로 매년 수상자를 선정하며 상금은 9만 유로이다. 1979년에 스페인의 시인 헤라르도 디에고Gerardo Diego와 아르헨티나의 작가 호르헤 루이스 보르헤스가 공동 수상한 후, 정관 변경을 통해 심사위원단이 공동 수상이나 '수상자 없음'을 결정할 수 없도록 했고, 그 규정은 지금까지 이어져 내려오고 있다.

심사위원단은 스페인 한림원 원장과 라틴아메리카 1개국의 한림원 원장, 전년도 수상자와 6명의 유명한 스페인어권 학자나 작가로 이루어진다. 미겔 데 세르반테스가 세상을 떠난 4월 23일에 매년 알칼라 대학의 대강당에서 수상식이 거행되며, 스페인 국왕인 후안 카를로스 1세가 직접 상을 수여한다. 이 수상식에서 스페인 국왕과 문화성 장관, 그리고 수상 작가는 각각 수상자의 삶과 작품 세계를 비롯하여 스페인어의 현재 상황과 세르반테스의 작품에 대한 연설을 한다.

세르반테스 문학상은 1976년에 처음으로 스페인의 시인 호르헤 기옌Jorge Guillén이 수상한 후, 2006년까지 모두 32명이 수상했다. 이 중에서 17명이 스페인 작가이며, 15명이 라틴아메리카 작가이다. 29명의 수상자는 이미 세상을 떴으며, 13명만 이 현재 생존하고 있다. 또한 시와 소설 분야에서 골고루 수상자를 배출했다. 스페인의 경우 시인들이 강세를 보이는 반면, 라틴아메리카의 경우에는 소설가들이 많이 포진하고 있다. 스페인의 시인으로는 호르헤 기옌, 헤라르도 디에고, 라파엘 알베르티, 호세 가르시아 니에토, 안토니오 가모네다 등이 있으며, 라틴아메리카의 소설가들로는 알레호 카르펜티에르, 호르헤 루이스 보르헤스, 후안 카를로스 오네티, 에르네스토 사바토, 카를로스 푸엔테스, 아우구스토 로아 바스토스, 아돌포 비오이 카사레스, 마리오 바르가스 요사, 기예르모 카브레라 인판테 등 주로 '붐' 작가들이 주를 이루고 있음을 알 수 있다.

세르반테스 문학상은 로물로 가예고스 국제소설상처럼 시끄러운 논쟁을 야기한 적이 없다. 그것은 수상자들이 매우 공정하게 선정되었다는 것을 의미하는 것처럼 보이지만, 이 상이 특정 작품이 아닌 작가의 작품 전반에 걸쳐 수여되기 때문일 수도 있다. 하지만 이런 점은 몇 가지 문제를 지니고 있다. 즉, 스페인어권 문학에서 이미 익히 인정받은 작가들을 선정하기에, 과거의 스페인어권 문학을 보여 줄 수는 있지만, 현재와 미래의 스페인어권 문학이 어떤 방향으로 나아가고 있으며 나아갈지 그 좌표를 드러내지 못한다는 한계를 지니고 있다.

이런 문제를 대표적으로 보여 주는 것이 페루의 바르가스 요사이다. 그는 1967년에 로물로 가예고스 국제소설상을 타면서 일찍이 진가를 인정받지만, 스페인 국적을 취득한 1994년에야 비로소 세르반테스 문학상을 탄다. 이것은 이 상이 '현재의 역동성'에 중점을 두지 않고 한 작가가 평생 이루어 놓은 공적이라는 '과거'에만 집착하고 있다는 것을 의미한다. 또한 그가 1993년에 스페인 국적을 취득한 직후 수상 작가로 선정되었다는 것도 이 상의 공정성에 의문을 품게 하기에 충분하다. 그리고 세계 문학의 이정표를 이루었던 보르헤스를 공동 수상자로 선정해 그 가치를 격하시켰을 뿐만 아니라, '마술적 사실주의'로 세계 문학을 이끌었던 가르시아 마르케스에게 아직 그 상이 수여되지 않았다는 사실 역시 세르반테스 문학상의 수상자 선정에 어느 정도의 정치성과 사상이 개입되고 있음을 짐작케 해 준다.

3. 알파과라 소설상과 간이도서상

스페인의 대표적인 출판사인 알파과라가 수여하는 '알파과라 소설상'은 1965년에 만들어져 1972년까지 매년 수상 작가를 선정했다. 그러나 1972년 이후 25년간 중단했다가 1998년에 다시 재개한다. 제2기라고 일컬어지는 1998년 이후 알파과라 소설상은 상상력이 뛰어난 작품에 초점을 두고 선정하며, 알파과라 출판사의 출판과 배급망을 통해 독자와 소통할 수 있는 기회를 제공한다. 상금은 196,000 유로이며, 스페인에서는 세르반테스 문학상 다음으로 중요한 상으로 매년 2월에 수상작을 발표한다. 2기의 수상작들은 다음과 같다.

1998년 엘리세오 알베르토(쿠바), 《달팽이 해변》
세르히오 라미레스(니카라과), 《마르가리타, 바다가 예뻐》

1999년 마누엘 비센트(스페인), 《바닷소리》

2000년 클라라 산체스(스페인), 《천국의 마지막 소식》

2001년 엘레나 포니아토브스카(멕시코), 《하늘의 피부》

2002년 토마스 엘로이 마르티네스(아르헨티나), 《여왕의 비행》

2003년 하비에르 벨라스코(멕시코), 《수호 악마》

2004년 라우라 레스트레포(콜롬비아), 《망상》

2005년 그라시엘라 몬테스(아르헨티나), 《대필 서기의 교대》

2006년 산티아고 론카글리올로(멕시코), 《붉은 4월》

2007년 루이스 레안테(스페인), 《내가 너를 사랑할지 지켜봐》

한편 간이도서상 역시 스페인의 유명 출판사인 세익스 바랄Seix Barral이 소설 부문에서 수여하는 상이다. 이 상의 특징은 아직 출판되지 않은 작품을 대상으로 한다는 점에 있다. 이 상은 혁신적인 문학 정신을 지닌 스페인어권의 젊은 작가들의 작품 활동을 지원하고 활성화하는 데 그 목적이 있다. 2007년의 상금은 3만 유로이며, 더불어 수상작은 세익스 바랄 출판사에서 출판된다. 알파과라 소설상과 마찬가지로 매년 2월에 수상작을 발표한다.

간이도서상은 1958년에 처음 제정된 후, 라틴아메리카의 소설사에서 빼놓을 수 없는 중요한 상으로 자리매김한다. 1962년에 마리오 바르가스 요사의 《도시와 개들》을 비롯하여, 기예르모 카브레라 인판테의 《세 마리의 슬픈 살쾡이》와 카를로스 푸엔테스의《허물벗기》등을 작품을 발굴하여 전 세계에 라틴아메리카 소설을 알리고 '붐 문학'의 형성에 지대한 공헌을 했다. 그러나 1973년에 출판사의 내부적 문제와 프랑코 체제의 억압적 출판 정책으로 라틴아메리카의 작품들이 금서로 지정되면서, 결국 소기의 목적을 달성하지 못하게 되자 더 이상 수상 작품을 내지 않기로 결정한다. 하지만 1999년에 세익스 바랄 출판사의 주인이 바뀌면서 다시 간이도서상을 수여하기로 하고, 초기의 정신을 계승하여 스페인 및 라틴아메리카 작가들의 새로운 작품을 발굴하기 시작한다. 1999년 이후의 수상작들은 다음과 같다.

1999년 호르헤 볼피(멕시코),《클링조어를 찾아서》
2000년 곤살로 가르세스(아르헨티나),《성마른 사람들》
2001년 후아나 살라베르트(스페인),《겨울 경륜장》
2002년 마리오 멘도사(콜롬비아),《사탄》
2003년 후안 보니야(스페인),《누비아의 왕자들》
2004년 마우리시오 엘렉토라트(칠레),《시간의 조롱》
2005년 엘비라 린토(스페인),《당신의 말 한 마디》
2006년 루이사 카스트로(스페인),《두 번째 아내》
2007년 후안 마누엘 데 프라다(스페인),《일곱 번째 베일》

여기에서 보듯이 알파과라 소설상과 간이도서상은 스페인에서 만들어졌으면서도 라틴아메리카의 작품에 많은 관심을 쏟고 있음을 알 수 있다. 또한 이 수상 작품들은 현재 왕성한 활동을 펼치고 있는 작가들의 것으로, 최근의 스페인어권 문학이 어떤 방향으로 나아가고 있는지를 보여 주기에 충분하다. 이들의 작품들은 '마술적 사실주의'라고 일컬어지는 '붐' 문학과는 많은 차이를 지닌다. 특히 이 작가들의 대부분은 마술적 사실주의를 과거의 유물로 여기면서 현시대에 맞는 새로운 문학모델을 찾으려고 애쓴다는 공통점을 지니고 있다.

스페인어권 소설이 1970년대 이후 세계 문학의 중심으로 부상한 후, 30여 년이 지난 지금도 끈질긴 생명력을 유지하면서 살아남고 있는 이유는 단지 마술적 사실주의가 성공했기 때문만은 아니다. 그것은 새로운 작가들이 끊임없이 태어나면서 기성세력에 반항하고 제도권에 안주하기를 거부하기 때문이다. 이런 도전 정신과 자기 주위의 현실을 통찰력 있게 바라볼 수 있는 세계관이 바로 지금의 스페인어권 문학을 만든 원동력이다. 스페인어권의 문학상들은 서로 상이한 목표를 제시하지만, 능력 있는 작가들을 발굴하고 그들에게 끊임없는 실험을 통해 새로운 현실에 맞는 새로운 문학을 만들어 나갈 수 있는 힘과 동기를 성공적으로 제공한다는 점에서는 일치한다고 평가할 수 있다.

부록

라틴아메리카 소설의 연대기

1810-28 쿠바와 푸에르토리코를 제외한 대부분의 라틴아메리카 국가들이 독립한다.

1816 멕시코 작가 호세 호아킨 페르난데스 리사르디José Joaquín Fernández de Lizardi의 《가려운 앵무새*El Periquillo Sarniento*》.

1823-72 쿠바와 브라질을 제외한 라틴아메리카 전역에서 노예제가 철폐된다.

1841 쿠바 작가 헤르트루디스 고메스 데 아베야네다Gertrudis Gómez de Avellaneda의 《삽 *Sab*》.

1845 아르헨티나 작가 도밍고 파우스티노 사르미엔토Domingo Faustino Sarmiento의 《파쿤도*Facundo*》.

1846-48 멕시코-미국 전쟁이 종식되면서 캘리포니아와 다른 남서부의 주들이 미국에 합병된다. 텍사스는 1845년에 이미 합병되었다.

1855 아르헨티나 작가 호세 마르몰José Marmol의 《아말리아 *Amalia*》.

1862 칠레 작가 알베르토 블레스트 가나Alberto Blest Gana의 《마르틴 리바스*Martín Rivas*》.

1863 푸에르토리코 작가 에우헤니오 마리아 데 오스토스 Eugenio María de Hostos의 《바요안의 순례*La peregrinación de Bayoán*》.

1865 브라질 작가 주제 데 알렝카르José de Alencar의 《이라세마*Iracema*》.

1867 콜롬비아 작가 호르헤 이삭스Jorge Isaacs의 《마리아*María*》.

1879 에콰도르 작가 후안 레온 데 메라Juan León de Mera의 《쿠만다 *Cumandá*》.

1882 쿠바 작가 시릴리오 비야베르데Cirilio Villaverde의 《세실리아 발데스 혹은 천사의 언덕*Cecilia Valdés, o La loma del Angel*》.

1886 쿠바에서 노예제가 철폐되다.

1888 브라질에서 노예제가 철폐되다.

1889 브라질이 공화국이 되다. 페루 작가 클로린다 마토 데 투르네르Clorinda Matto de Turner의 《둥지 없는 새*Aves sin nido*》.

1898 스페인-미국 전쟁이 일어나다. 미국은 쿠바와 푸에르토리코를 점령한다.

1902 쿠바 독립. 브라질 작가 에우클리데스 다 쿠냐Euclides da Cunha의 《오지 사람들*Os Sertões*》.

1903 미국의 지원을 받아 파나마가 콜롬비아에서 독립하다.

1911-20 멕시코 혁명.

1915 멕시코 작가 마리아노 아수엘라Mariano Azuela의 《하층민*Los de abajo*》.

1919 볼리비아 작가 알시데스 아르게다스Alcides Arguedas의 《청동 인종*La raza de bronce*》.

1924 콜롬비아 작가 호세 에우스타시오 리베라José Eustasio Rivera의 《소용돌이*La vorágine*》.

1926 아르헨티나 작가 리카르도 구이랄데스Ricardo Güiraldes의 《세군도 솜브라 씨*Don Segundo Sombra*》. 미국이 니카라과에 군대를 배치하고, 산디노Augusto Sandino의 저항이 이어지다. 산디노는 1936년에 살해된다.

1928 브라질 작가 마리우 데 안드라데Mario de Andrade의 《마쿠나이마*Macunaíma*》.

1929 베네수엘라의 작가 로물로 가예고스Rómulo Gallegos의 《바르바라 여사*Doña Bárbara*》.

1931 베네수엘라의 작가 아르투로 우슬라르 피에트리Arturo Uslar Pietri의 《붉은 창기병*Las lanzas coloradas*》.

1932-35 볼리비아와 아르헨티나가 차코 전쟁을 벌이다.

1934 에콰도르의 작가 호르헤 이카사Jorge Icaza의 《시골사람들*Huasipungo*》.

1937 게툴리우 바르가스Getulio Vargas가 브라질에 군사 독재 체제를 수립하다.

1938 브라질의 작가 그라실리아누 라모스Graciliano Ramos의 《메마른 삶*Vidas secas*》. 칠레 작가 마리아 루이사 봄발María Luisa Bombal의 《수의를 입은 여인*La amortajada*》. 멕시코 정부가 외국 정유회사를 몰수하다.

1941 페루 작가 시로 알레그리아Ciro Alegría의 《세상은 넓지만 남의 것*El mundo es ancho y ajejo*》. 아르헨티나 작가 호르헤 루이스 보르헤스Jorge Luis Borges의 《두 갈래로 갈라지는 오솔길들의 정원*El jardín de senderos que se bifurcan*》.

1943 아르헨티나에서 후안 도밍고 페론Juan Domingo Perón 장군이 가담한 군사 쿠데타가 발생하다. 페론은 1946년 선거에서 승리하여 아르헨티나 대통령으로 당선된다.

1945 미주기구OAS가 창설되다.

1947 멕시코 작가 아구스틴 야녜스Agustín Yáñez의 《폭풍의 언저리 *Al filo del agua*》.

1948 콜롬비아에 폭력사태가 발생하다.

1949 과테말라의 작가 미겔 앙헬 아스투리아스Miguel Angel Asturias의 《옥수수 인간*Hombres de maíz*》. 쿠바 작가 알레호 카르펜티에르Alejo Carpentier의 《이 세상의 왕국*El reino de este mundo*》. 우루과이 작가 후안 카를로스 오네티Juan Carlos Onetti의 《짧은 인생 *Vida breve*》.

1952 에비타 페론이 죽다. 푸에르토리코가 미국의 '자유연합

주'가 되다.

1955 멕시코 작가 후안 룰포의 《페드로 파라모 *Pedro Páramo*》.

1956 브라질 작가 주앙 기마랑스 로사João Guimarães Rosa의 《위대한 오지 사람*Grande sertão*》.

1958 페루 작가 호세 마리아 아르게다스José María Arguedas의 《깊은 강*Los ríos profundos*》. 멕시코 작가 로사리오 카스테야노스Rosario Castellanos의 《아홉 감시인 *Balún Canán*》.

1959 쿠바 혁명.

1961 30년의 독재 후 도미니카 공화국의 라파엘 레오니다스 트루히요Rafael Leónidas Trujillo가 살해되다.

1962 쿠바의 미사일 위기. 멕시코 작가 카를로스 푸엔테스 Carlos Fuentes의 《아르테미오 크루스의 죽음*La muerte de Artemio Cruz*》.

1963 페루의 작가 마리오 바르가스 요사Mario Vargas Llosa의 《도시와 개들*La ciudad y los perros*》. 아르헨티나 작가 훌리오 코르타사르Julio Cortázar의 《돌차기 놀이*Rayuela*》.

1964 브라질의 작가 클라리시 리스펙토르의 《G. H.에 의한 수난*A paixão segundo G. H.*》

1964-65 브라질이 군사 독재에 의해 통치되다.

1965 쿠바 작가 기예르모 카브레라 인판테Guillermo Cabrera Infante의 《세 마리의 슬픈 살쾡이*Tres tristes tigres*》. 쿠바 작가 미겔 바르넷Miguel Barnet의 《도망친 노예의 일생 *Biografía de un cimarrón*》. 미국이 도미니카 공화국에 군사

개입하다.

1966 쿠바 작가 호세 레사마 리마José Lezama Lima의 《천국 *Paradiso*》.

1967 볼리비아에서 체 게바라가 죽다. 과테말라의 작가 미겔 앙헬 아스투리아스가 노벨문학상을 받다. 콜롬비아 작가 가브리엘 가르시아 마르케스Gabriel García Márquez의 《백년의 고독*Cien años de soledad*》. 브라질 작가 조르지 아마두Jorge Amado의 《플로르 부인과 두 남편*Dona Flor e seus dois maridos*》. 멕시코 작가 호세 에밀리오 파체코José Emilio Pacheco의 《먼 곳에서 죽으리*Morirás lejos*》.

1968 멕시코에서 틀랄텔롤코 대학살 사건이 일어나다.

1968-80 페루의 군사 정권 통치.

1969 멕시코 작가 엘레나 포니아토브스카Elena Poniatowska의 《당신을 만날 때까지*Hasta no verte Jesús mío*》.

1970 칠레 작가 호세 도노소José Donoso의 《밤의 음탕한 새*El obsceno pájaro de la noche*》. 페루 작가 알프레도 브라이스 에체니케Alfredo Bryce Echenique의 《훌리우스의 세상*Un mundo para Julius*》.

1971 볼리비아에서 반세르 수아레스Banzer Suárez 장군의 군사 쿠데타가 일어나다.

1973-90 칠레에서 아우구스토 피노체트Augusto Pinochet의 군사독재.

1974 파라과이의 작가 아우구스토 로아 바스토스Augusto Roa Bastos의 《내가 최고*Yo el Supremo*》.

1975 칠레의 작가 안토니오 스카르메타Antonio Skármeta의 《나는 눈이 불타는 것을 꿈꾸었다 *Soñé que la nieve ardía*》.

1976-83 아르헨티나의 군사 독재.

1976 아르헨티나의 작가 마누엘 푸익Manuel Puig의 《거미여인의 키스*El beso de la mujer araña*》. 에콰도르의 작가 호르헤 엔리케 아도움Jorge Enrique Adoum의 《마르크스와 벌거벗은 여인 사이에서*Entre Marx y una mujer desnuda*》. 푸에르토리코의 작가 루이스 라파엘 산체스Luis Rafael Sánchez의 《마초 카마초의 과라차*La guaracha de Macho Camacho*》.

1977 콜롬비아 작가 라파엘 움베르토 모레노 두란Rafael Humberto Moreno-Durán의 《여인들의 유희*Juego de damas*》.

1979 니카라과에서 산디니스타 게릴라가 소모사 독재 정권을 무너뜨리다. 산디니스타 정권은 1990년까지 지속된다.

1980 과테말라에서 게릴라 활동으로 군사 탄압이 이루어지다. 아르헨티나 작가 리카르도 피글리아Ricardo Piglia의 《인공 호흡*Respiración artificial*》. 도미니카 공화국의 작가 마르시오 벨로스 마지올로Marcio Veloz Maggiolo의 《솜브라 가스타네다의 장황한 전기*La biografía difusa de Sombra Castañeda*》.

1981 페루 작가 마리오 바르가스 요사Mario Vargas Llosa의 《세상 종말 전쟁*La guerra del fin del mundo*》. 아르헨티나의 작가 실비아 모요이Sylvia Molloy의 《부재 증명서*En breve* *cárcel*》. 멕시코 작가 마르고 글란츠Margo Glantz의 《족보 *Las geneologías*》.

1982 칠레 작가 이사벨 아옌데Isabel Allende의 《영혼의 집*La casa de los espíritus*》. 콜롬비아 작가 가브리엘 가르시아 마르케스에게 노벨문학상이 수여되다.

1983 아르헨티나 작가 아벨 포세Abel Posse의 《천국의 개들 *Los perros del paraíso*》. 아르헨티나 작가 루이사 발렌수엘라Luisa Valenzuela의 《도마뱀 꼬리*Cola de Lagartija*》. 아르헨티나 작가 멤포 지아르디넬리*Mempo Giardinelli*의 《뜨거운 달*Luna calinete*》. 칠레 작가 디아멜리 엘티트 Diamela Eltit의 《조명 *Lumpérica*》.

1984 브라질 작가 넬리다 피뇬Nélida Piñón의 《꿈의 공화국*A república dos sonhos*》. 우루과이 작가 크리스티나 페리 로시Cristina Peri Rossi의 《광인들의 배*La nave de los locos*》.

1985 아르헨티나, 브라질, 우루과이에 민주주주가 회복되다. 멕시코 작가 앙헬레스 마스트레타Angeles Mastretta의 《내 마음을 빼앗아*Arráncame la vida*》.

1987 중앙아메리카 평화를 위한 오스카르 아리아스 계획이 시행되다. 같은 해 코스타리카의 정치인 오스카르 아리아스가 노벨평화상을 받다. 푸에르토리코 작가 로사리오 페레의 《빌어먹을 사랑*Maldito amor*》.

1988 멕시코 작가 세르히오 피톨Sergio Pitól의 《멋진 두루미 길들이기*Domar a la divina garza*》. 니카라과의 작가 지

오콘다 베이Gioconda Belli의 《집 안에 있는 여인*La mujer habitada*》.

1989 과테말라 작가 아르투로 아리아스Arturo Arias의 《불타는 재규어 *El jaguar en llamas*》.

1990 페루 작가 마리오 바르가스 요사가 페루 대통령 선거에서 알베르토 후지모리Alberto Fujimori에게 패하다.

1991 아르헨티나 작가 세사르 아이라César Aira의 《산토끼 *La liebre*》.

1992 과테말라의 리고베르타 멘추Rigoberta Menchú가 노벨 평화상을 타다. 베네수엘라 작가 아나 테레사 토레스Ana Teresa Torres의 《이네스 부인 대 망각 *Doña Inés contra el olvido*》.

1993 코스타리카 작가 아나 크리스티나 로시Ana Cristina Rossi의 《간토카의 미친 여자*La loca de Gandoca*》. 온두라스 작가 훌리오 에스코토Julio Escoto의 《새벽—여명의 왕 Madrugada: El Rey del Albor》.

1994 사파티스타 반란이 멕시코의 치아파스에서 시작되다. 페루 작가 하이메 바일리의 《아무에게도 말하지 마*No se lo digas a nadie*》.

1995 토마스 엘로이 마르티네스Tomás Eloy Martínez의 《성녀 에비타*Santa Evita*》.

1996 멕시코 작가 엘로이 우로스Elroy Urroz의 《장애물*Las rémoras*》. 콜롬비아 작가 라파엘 움베르토 모레노 두란 Rafael Humberto Moreno-Durán의 《맘브루*Mambrú*》.

1997 쿠바 작가 소에 발데스Zoé Valdés의 《카페 노스탤지어 *Café Nostalgia*》.

1998 에콰도르 작가 알리시아 야녜스 코시오Alicia Yáñez Cossío의 《죽는 것을 배우면서*Aprendiendo a morir*》.

1999 멕시코 작가 호르헤 볼피Jorge Volpi의 《클링조어를 찾아서*En busca de Klingsor*》. 페루 작가 마리오 베야틴Mario Bellatín의 《미용실*Salón de belleza*》.

2000 비센테 폭스Vicente Fox가 멕시코 대통령으로 선출되다. PRI멕시코 제도혁명당이 멕시코 혁명 이후 처음으로 선거전에서 참패하다.

2001 볼리비아 작가 에드문도 파스 솔단Edmundo Paz Soldán의 《욕망의 물질*La materia del deseo*》. 페루 작가 페르난도 이와사키Fernando Iwasaki의 《나쁜사랑의 책*Libro de mal amor*》.

2002 니카라과의 작가 세르히오 라미레스Sergio Ramírez의 《어둠만 있을 뿐*Sombras nada más*》.

2003 칠레 작가 알베르토 푸겟의 《내 인생의 영화*Las películas de mi vida*》.

2004 칠레 작가 로베르토 볼라뇨Roberto Bolaño의 《2666년》.

송병선

한국외국어대학교 스페인어과를 졸업했으며, 콜롬비아의 카로 이 쿠에르보 연구소에서 석사 학위를, 하베리아나 대학교에서 문학박사 학위를 취득했다. 하베리아나 대학교 전임교수로 재직했으며, 현재 울산대학교 스페인·중남미학과 교수로 재직 중이다.

지은 책으로《보르헤스의 미로에 빠지기》,《영화 속의 문학 읽기》가 있다. 옮긴 책으로는《거미여인의 키스》,《콜레라 시대의 사랑》,《내 슬픈 창녀들의 추억》,《칠일 밤》,《부에노스아이레스 어페어》,《내일 전쟁터에서 나를 생각하라》,《꿈을 빌려드립니다》등이 있다.

고려대학교 교양총서 03

'붐 소설'을 넘어서

추판발행	2008년 3월 3일
초판 1쇄	2008년 3월 3일
지은이	송병선
펴낸곳	고려대학교출판부
	www.kupress.com
	kupress@korea.ac.kr
	136-701 서울특별시 성북구 안암동
	02-3290-4230, 4232
	Fax 923-6311
찍은곳	(주)이환D&B

ISBN 978-89-7641-642-1 04890
ISBN 978-89-7641-615-5 (세트)

값 9,000원

* 잘못 만들어진 책은 바꿔드립니다.